R 2240
16 C.

LE
DIOGENE
DE D'ALEMBERT;
OU
DIOGENE DÉCENT.

Homo sum; humani nihil à me alienum puto.

TERENCE.

DIO-

LE DIOGENE DE D'ALEMBERT;

OU DIOGENE DÉCENT:

PENSÉES LIBRES

Sur l'Home & fur les principaux objets des
conoiſſances de l'Home;

PAR M. DE PRÉMONTVAL.

Son cœur eſt le flambeau dont ſon eſprit s'éclaire.

D'ARNAUD.

NOUVELLE EDITION,
revue, & augmentée de près d'un tiers.

À BERLIN
AUX DEPENS DE J. H. SCHNEIDER.
M D CC LV.

IDÉE DE L'OUVRAGE.

,,Ce Diogene qui bravoit dans
,,son indigence le conquérant
,,de l'Asie, & à qui *il n'a manqué que de*
,,*la décence* pour être le modele des
,,sages, a été le philosophe de l'an-
,,tiquité le plus décrié, parceque *sa*
,,*véracité intrépide* le rendoit le fléau
,,des philosophes même; il est en
,,effet un de ceux qui ont montré le
,,plus de conoissance des homes, & de
,,la vraie valeur des choses. Chaque
,,siecle *& le nôtre surtout* auroient be-
,,soin d'un Diogene, mais la dificul-
,,té est de trouver des gens qui ayent
,,*le courage de l'être*, & des gens qui
,,ayent *le courage de le soufrir.*,, C'est
le souhait de Mr. d'Alembert

dans son excellent *Essai sur les gens de lettres*. On croit tenir le premier point; il faut essayer le second.

Le caractere de cet ouvrage est la *liberté* & la *décence*; un amour de la vérité supérieur à tout, joint à une retenue qui s'interdit les moindres personalités.

Le nouveau Diogene ne heurte point les puissances, & ne dit point fiérement au conquérant de l'Asie; *retire-toi de mon soleil*. Il demande noblement à plus digne qu'Alexandre *l'azile sacré de son ombre*, & de le punir s'il en abuse.

Il n'eût point foulé aux pieds le faste de Platon, ni insulté Aristipe, ni tourné Zénon en ridicule au lieu de le réfuter. Eloigné de porter

envie

envie à leur réputation ou à leur faveur, il ne se fût souvenu que des devoirs du *Philosophe*.

Enfin il est religieux, & il en fait gloire, & il espere bien que les idées aimables qu'il done de la Divinité soient la meilleure recomendation de son ouvrage.

Pour tout dire,
Son cœur est le flambeau dont son esprit s'éclaire.

AVER-

AVERTISSEMENT.

Ces pensées sont prises, presqu'au hazard, entre un très grand nombre d'autres, qui composent en partie *les Protestations & Déclarations philosophiques*, que j'anonçai il y a quelque tems. On m'a conseillé d'en détacher un petit volume par maniere d'essai. Tout ce que je puis dire, c'est que je n'ai guere eu d'autre dessein que de mettre ici beaucoup de variété. L'on conçoit bien que je n'ai eu garde de ne prendre que les pensées de mon recueil les plus médiocres. Je n'ai pas moins évité de ne choisir que

les

les meilleures. C'eût été renoncer à toutes les autres, ou me résoudre à descendre. Si je ne monte pas bien haut, je me pique de ne redescendre que le moins que je puis.

Je sais aureste, qu'on a semé sourdement l'alarme contre moi ; & mon ouvrage s'en ressent, ainsi qu'on le verra par la suite. La malignité, dit-on, s'aprête à répandre son noir venin sur les ménagemens même dont j'ai usés, autant que sur mes hardiesses. Je l'atens de pied ferme. A toutes les interprétations iniques, & aux aplications qu'on voudroit faire, re, à foi-même, ou à d'autres, ma réponfe eft celle de Phedre :

> Sufpicione fi quis errabit fuâ,
> Et rapiet ad fe quod erit commune omnium,
> Stultè nudabit animi confcientiam.
> Huic excufatum me velim nihilominus ;
> Neque enim notare fingulos mens eft mihi.
>
> *Prologue du 3. Livre.*

[C'eft l'avertiffement de la premiere édition. Je n'ai qu'un mot à dire de celle-ci ; favoir qu'elle eft augmentée d'une cinquantaine de penfées, dont la plûpart ne font pas des moins confidérables de l'ouvrage. On a cru qu'il étoit inutile de les diftinguer. Il y a auffi quelques additions à des penfées ; mais fouvent ce qui paroît fenfiblement ajouté l'étoit avant que l'ouvrage vît le jour. L'aftérifme *, quand il n'indique point une note, marque que les parties d'une penfée ont été faites en divers tems.

La dédicace fuivante eft nouvelle, auffi bien que le P. S.]

A L'HO-

A L'HOME
qui n'a jamais été & ne sera jamais.

Si vous étiez de nature à être & que vous fussiez, mon livre seroit très indigne de vous être présenté. Entre les homes qui sont, il en est très peu qui soyent dignes que je le leur présente ; & ce seroit encore l'avilir que de le présenter à ceux qui en sont dignes. Je puis louer, & je sais louer come il convient ce qui mérite de l'être. Mais le caractere que j'ai revétu, demande que ce soit toujours de la

maniere

maniere la moins suspecte de flaterie. Quelle épître dédicatoire le fut jamais moins que celle que je vous adresse? Quelle autre eut jamais un plus vaste champ? O vertueuse Chimere! Brillant composé de tout ce qui manque à l'home réel! Désintéressement parfait! Amour-propre subordoné à l'amour du tout! Mérite universel & sans orgueil! Elévation constante sans nule enflure! Egalité d'ame dans les biens & dans les maux! Egalité d'humeur dans le comerce de la vie! Douceur acompagnée de fermeté! Bonté sans foiblesse! Dignité sans faste! Gravité
sans

sans pédanterie! Religion sans fanatisme! Philosophie sans témérité! Prudence sans dissimulation! Promtitude de jugement sans précipitation! Méfiance, juste méfiance des homes, sans aucune sorte de prévention particuliere! &c!... &c!... &c!

P. S. Je ne m'atendois pas à finir par des larmes une épître, moitié grave & moitié plaisante. L'home, ou l'un des homes que j'aie conus le plus aprochans de ma brillante chimere; home plus grand dans son obscurité que bien des grands, & digne de plus de respects; le Sage dont je parle

parle cy-deſſous, dans la xve penſée, & que je n'avois oſé nomer entiérement de peur de lui déplaire: Il n'eſt plus. La nouvelle de ſa mort ne laiſſe à l'amertume de ma douleur d'autre conſolation, que celle de ce triſte homage à la mémoire de mon cher Boissi.

LE

DIOGENE DÉCENT:
ou
PENSÉES LIBRES
sur l'Home & sur les principaux objets des conoissances de l'Home.

I.
Le Livre des Maximes.

Dans ma premiere jeunesse, lorsque je ne jugeois encore des homes que par mon propre cœur, & par mon propre cœur dont les replis ne m'étoient pas même assez conus, je ne pouvois lire le Livre des Maximes sans une vive indignation. Je regardois son illustre Auteur, come un calomniateur & un ennemi déclaré du genre humain. ,, Quand il a pris le nom ,, d'une vertu, disois-je; qu'il y ajoute ,, un

,, un *n'est que,* (*La justice n'est que,* *La*
,, *modération n'est que,*) puis une petite
,, phrase en stile d'oracle qui exprime le
,, faux-semblant, ou quelque misérable
,, motif du faux-semblant de cette vertu,
,, il croit avoir fait une maxime.,, Il
est vrai que souvent le livre n'est que cela: mais il est encore plus vrai que l'auteur a bien raison. Je ne tardai point à le reconoître. Que je suis diférent de moi-même à l'heure qu'il est! M. de la Rochefoucault trouveroit peut-être outré le jugement que je fais des homes.

II.
Distinction fondée.

On peut aimer .... oui; on peut aimer qui l'on n'estime gueres.... Je ne suis point misantrope!

III.
La meilleure rencontre, & la pire.

Dans un chemin soit à la ville soit à la campagne, dans un désert ou dans

un

un bois, en terre ferme ou dans une île, quelle meilleure & quelle plus mauvaise rencontre un home peut-il faire?... Il n'y a persone qui ne réponde: „Celle d'un autre home.,,

IV.
Terreur.

Les homes ont un tel fentiment intime de la méchanceté de ceux de leur efpece, qu'ils ne paffent gueres les uns à côté des autres dans un lieu fombre ou écarté fans une forte de défiance. Dans un bois on voit un loup, ou un fanglier, fouvent avec plus d'affurance qu'on ne voit un home. Jetté fur une côte inconue, ce qu'on a le plus à redouter d'y trouver, ce font des homes. Les tigres, les lions, les léopards pouront bien vous dévorer; mais ils ne vous doneront qu'une mort prompte & presque fans douleurs. Des homes y font bien plus de façons. Ils vous cerneront

neront la tête, pour enlever votre chievelure, & s'en faire un ornement très eftimé. Ils vous écorcheront & vous rotiront tout vif. Ils vous dévoreront membre à membre. Ils éterniferont votre mort & votre fuplice, & fauront encore joindre à de fi afreufes douleurs l'infulte & la raillerie. . . . Et qu'on ne dife point que je parle de peuples fauvages ou barbares, qui méritent à peine le nom d'homes. Outre que de tels peuples montrent ce que peuvent des homes, le feul droit de naufrage exercé fur la plûpart des côtes de l'Europe, & la maniere dont on l'exerce en des pays très policés, eft-ce quelque chofe de moins étrange? Non non; ce n'eft point en Amérique, ni dans le fond des forêts, ni dans les antres des Ciclopes, ni dans les abîmes des mines, ni fur le cruel rivage de la mer; c'eft dans le fein des villes, au milieu des cours, & jusqu'à l'ombre même des tem-

temples, que l'home se déploye le mieux, & que sa malignité s'exalte au plus haut point.

V.
Bone opinion des homes.

Les homes sont d'ordinaire si méchans & si trompeurs, qu'il y auroit toujours cent dégrés de probabilité de plus qu'un acusé est criminel, s'il n'y en avoit tout autant que celui qui l'acuse est calomniateur.

Souvent même il se rencontre tout ensemble, que celui qui acuse est calomniateur & que l'acusé est criminel. C'est le jugement du singe entre le loup & le renard.

Je vous conois de lontems, mes amis;
   Et tous deux vous pairez l'amande.
Car, toi loup, tu te plains, quoiqu'on ne
   t'ait rien pris;
Et, toi renard, as pris ce que l'on te demande.
Le juge prétendoit, qu'à tort & à travers,
On ne sauroit manquer condanant un pervers.

VI.

Pensée de la Fontaine.

La Fontaine remarque, que *quelques perſones de bon ſens ont cru que l'impoſſibilité & la contradiction qui eſt dans le jugement du ſinge, étoit une choſe à cenſurer. Mais,* ajoute-t-il, *je ne m'en ſuis ſervi qu'après Phedre; & c'eſt en celà que conſiſte le bon mot, ſelon mon avis.* Il a raiſon. Le bon mot eſt dans la contradiction même du jugement du ſinge, où l'on ſent mieux qu'on ne dévelope cette vérité; ,,qu'il eſt rare qu'un mé-,,chant ne ſoit coupable, & de plus ,,peut-être que de ce dont on l'acuſe in-,,juſtement.,,

Le juge prétendoit, qu'à tort & à travers,
On ne ſauroit manquer condanant un pervers.

VII.

Recherche.

Diogene cherchoit un home; il y a de cela deux mille ans paſſés. Croit-on qu'il qu'il se mît en quête, à présent que l'espece est mieux conue ?

* Je suis un peu revenu de cette excessive prévention contre l'espece humaine : car il y a eu bien des hauts & des bas dans mes opinions. Boileau conoissoit dans Paris *jusqu'à trois* femmes vertueuses. Je conois en quatre grandes contrées de l'Europe une demi douzaine environ, sinon d'homes véritablement homes, au moins qui peuvent excuser que l'on en cherche.

VIII.
Indocilité & inexpérience de l'home.

Qu'on entreprenne de dompter un cheval, de dresser un chien, d'aprivoiser un loup ; il est rare qu'on ne réussisse, pourvû que ce soit dans leur jeunesse. De mille éducations en est-il trois ou quatre qui ayent leur effet parmi les homes ?

L'oiseau est-il plus volage? le poisson est-il plus stupide? Leur présentez-vous un apas? vous les voyez fuir; il y en avoit des miliers, il n'y a plus que quelques imprudens. C'est tout le contraire chez les homes. Peu de sages échapent; & la multitude imbécile, come on l'a bien dit, se prend toujours dans les mêmes filets.

IX.

Titre de raison.

Ce n'est point ce que les animaux exécutent de plus merveilleux, chacun selon son espece, qui m'empeche de croire qu'ils soient de pures machines, dépourvues d'intelligence: c'est plûtot leurs caprices & leurs passions. C'est par là qu'ils nous ressemblent bien. Le mécanisme est plus régulier que notre inconstante sagesse.

X.

X.
Le chien.

O aimable animal! Que nous ferions vertueux, si nous avions pour nos amis, pour notre roi, pour notre Dieu, cette fidélité invariable, cette reconoissance tendre, que tu as pour ton maître & pour les persones qui te font du bien!

C'est le sentiment dont il ne m'est pas possible de n'être point pénétré, à la vue de ces animaux si méprisés, dont le cœur fait honte à celui des homes.

XI.
Plus de vertus.

M. de la Rochefoucault diroit peut-être: ,,La fidélité du chien *n'est que* la ,,crainte des coups; ses caresses ne sont ,,que l'impatience d'assouvir sa glouto-,,nerie; sa reconoissance ne vient que du ,,même principe.,, Si cela est, otons de la terre jusqu'à l'aimable image de la vertu.

XII.
Espoir.

Le chien meurt pour la défense de son maître, & souvent il se laisse mourir par le seul regret de sa mort: il n'y a point de *n'est que* à cela. Cette image est trop belle pour que l'original ne s'en retrouve pas quelque part. Peu s'en faut que je ne recomence à croire à la vertu.

XIII.
Animal singulier.

La Fontaine se plaint qu'on voit rarement les vertus rassemblées en un même sujet, & de ce qu'il y a toujours quelque vice qui s'y mêle.

 Entre les animaux le chien se pique d'être
  Soigneux & fidele à son maître;
  Mais il est sot, il est gourmand.

J'ai entendu parler d'un animal qui seroit une heureuse exception à la remarque de la Fontaine. Je ne dirai point
s'il

s'il est oiseau ou quadrupede; je ne fus atentif qu'à la description qu'on me fit de ses qualités morales, ou plûtôt de l'assemblage complet de toutes les qualités morales qu'il possede dans un dégré parfait. On l'apeloit *l'Animal vertueux*. Un trait que je n'ai point oublié. Ce tendre animal témoigne une douce joie à la vue d'une bone action, & à la vue d'une mauvaise un chagrin profond. C'est ainsi qu'il sert le maître auquel il s'est ataché; mais les homes, dit-on, ne sont gueres curieux de ses services, ils le laissent dans les déserts. Un roi qui au lieu de singes ou de péroquets auroit un pareil délassement, deviendroit un Titus, un Antonin, s'il ne l'étoit déjà.

Avouons-le pourtant à la décharge des homes & des rois; ceux qui m'en parloient, ajouterent qu'ils n'étoient pas aussi sûrs de l'existence de l'animal que du criminel dédain qu'on en feroit, & que come la Grece a eu sa Chimère, ceci pouroit bien être la Chimere des terres auſtrales, ou de quelque monde inconu.

XIV.
Acueil.

N'avez-vous jamais marché sur de certains terrains marécageux, repaires d'une infinité d'animaux vils ou nuiſibles. A chaque pas des nuées d'inſectes s'élevent de toutes parts; des grenouilles croaſſent; des crapauds s'efforcent de vous couvrir de leur venin; de ſiflantes couleuvres vous menacent de mille bleſſures mortelles. Vive image, ſurtout des premieres pas que fait la vertu ſur cette terre fangeuſe, où rampent les chétifs humains.

XV.
Remarque d'un Sage.

Je liſois la penſée précédente, il y a
trois

trois ans; à un excellent ami que j'ai, un de ces homes rares, qui me feroient croire tout de bon qu'il eſt des vertus ſolides ſur la terre; * home ſur le compte duquel il n'y a qu'une voix de tous ceux qui l'ont conu en France, en Suiſſe & en Holande; home à procédés héroïques preſqu'incroyables; généreux ſans la moindre oſtentation; ſimple & modeſte avec les lumieres les moins comunes; home qui dès le premier abord vous paroît plein de mérite, & vous étone au bout de pluſieurs anées, par la découverte de conoiſſances, ou de talens,

---

* M. DE BOISS.... Il ne manque qu'une bagatelle: mais je n'ai garde d'achever, de peur d'iriter trop l'anonime & modeſte Traducteur de la judicieuſe *Lettre de M. Stinſtra ſur le Fanatisme.* Le crime ne feroit cependant pas grand de publier un ſecret qu'un ami ne m'a point confié.

lens, qu'il n'a fongé ni à produire ni à cacher: c'eft le tems, c'eft le hazard qui vous le dévelope en fon entier; & pour moi, je ne me flate point encore de favoir tout ce qu'il vaut. Frapé de quelque énergie qu'il trouva dans l'expreffion de cette penfée *, il me la fit relire une feconde & une troifieme fois. ,,Cela ,,eft vrai, me dit-il: mais fi votre paf,,fant prend un bâton ou des pierres, ,,dans la fole efpérance de fe délivrer de ,,ces animaux importuns; qu'il écrafe, ,,ici un crapaud, là une couleuvre; il ,,n'aura jamais fait. Le mieux eft qu'il ,,fe tire de là le plus doucement, ou le ,,plus vîte qu'il fera poffible.,,

XVI.

Motif d'orgueil.

Alcipe eft philofophe; il penfe, il réfléchit profondément; il a fait de l'home fa principale étude, & fe pique d'en conoître

* La précédente.

noître la nature mieux que Hobbes & Locke, qui selon lui l'ont parfaitement conue. Voici ce qu'il en publie. ,,L'ho-,,me est méchant; (on le sait bien:) ,,mais ce qu'on ne sait pas assez, c'est ,,qu'il ne peut être que méchant, cruel, ,,injuste; c'est son essence. Ce qu'on ,,apelle spiritualité, immortalité, ce ne ,,sont que de vains noms. Un peu de ,,boue qui pense, & pense méchament, ,,voilà l'home. ,, Alcipe, fier de ces sublimes conoissances, traite du haut en bas quiconque n'a pas sû s'y élever aussi bien que lui. Je l'ai vu, malgré l'amitié qui nous lioit dès notre premiere jeunesse, me témoigner un souverain mépris, parceque mes doutes sur la réalité des vertus humaines m'enorgueillissoient moins qu'ils ne m'afligeoient. Le dirai-je? Je crois qu'Alcipe est honête home fonciérement, autant que bien d'autres qui font un grand étalage de la vertu.   XVII.

XVII.
Les Héros.

Alez, alez, Héros; troublez votre repos & celui des homes, dans l'espérance d'un peu de gloire, pour qu'un sage tranquile dans son cabinet vous qualifie *le fou de Macédoine & celui de Suede*, & que l'univers y aplaudisse.

Tous les héros se ressemblent assez, dit M. Pope, *depuis le fou de Macédoine jusqu'à celui de Suede*. Essai sur l'home.

XVIII.
Incertitude du tems & du caractere des homes.

Il faut se fier aux homes, come on se fie au tems, c'est-à-dire en n'oubliant pas qu'après la fortune, rien au monde n'est plus variable, plus inconstant, plus bizare, moins propre à être déterminé d'une maniere fixe & sûre. Il faloit que je me ren-

rendisse à tel endroit : je me suis mis en route par un tems serein, l'orage me surprend ; je ne suis point trompé. Ne savois-je pas que cela pouvoit être ? Qui s'atend à tout, n'est point sujet à des surprises proprement dites. Prendre ses précautions, & ne rien faire que de nécessaire, que peut-on se reprocher ensuite ? N'y a-t-il pas même telle rencontre où il est indispensable de se mettre en chemin par la pluie, aussi bien que de fier aux homes les plus pervers ?

XIX.
Politiques.

On croit souvent voir de la politique où il n'y a que de la tracasserie.

La vraie politique ne se trouve point sans beaucoup de jugement, de finesse d'esprit, de pénétration, sans une grande conoissance du cœur humain jointe à l'usage du monde. Nos politiques ont-ils tout cela ? Avec

Avec l'ufage du monde, il faut encore plus effentiellement la réflexion fur ce qu'on y voit; l'hiftoire ancienne & moderne; les relations des divers peuples; l'état préfent de la fociété; les livres de morale; tragédies, comédies, romans furtout; je dis romans d'un certain ordre; & le talent de voir mille faits, paraleles, ou contraftés, dans un feul fait, même imaginaire. Ces politiques à morgue fi grave ont-ils tout cela?.... Savent-ils même qu'il le faut?.... J'ai vu de ces gens qui fe piquent de conoître les homes, dont toute la fufifance fe bornoit *à la fience oculte* des phifionomies, qui, quand elle feroit une fience, n'en feroit point une pour eux.

XX.
Ataque & défenfe.

M. de Vauban a dit, qu'un gouverneur de place doit s'ataquer tous les jours

jours lui-même en secret, & chercher autant de nouvelles défenses qu'il trouve de nouvelles ataques. Cela abrege bien des délibérations, quand l'ennemi est en présence. Transportez cette maxime à tout. La prudence humaine ne va pas plus loin.

XXI.
Mérite douteux.

Sans une longue pratique de la maxime précédente, il peut quelquefois être très honteux de n'avoir point été trompé. C'est souvent manque de jugement; la chose avoit toutes les aparences du vrai. C'est encore plus souvent manque de droiture; c'est qu'on a jugé des autres par soi-même.

Coment ce fourdant de Balbus a-t-il échapé au piége qu'on lui tendoit? Coment? Il n'a, ni vu, ni senti l'apas, manque d'yeux & manque de nez. Il est sourd, & a franchi come Ulisse la dangereuse côte des sirénes. Voyez

Voyez avec quelle fagacité Philoclès vient de démêler les intrigues de fes ennemis. Il jure que perfone ne l'avoit averti de leur complot. Tant pis. J'en fuis faché pour l'honeur de Philoclès. Tant de prudence le décrédite dans mon esprit. Je crains qu'il n'en eût fait autant, s'il eût été dans l'ocafion.

Mais fi *dans fes promenades autour de la place*, come dit M. de Vauban, il a imaginé entr'autres, par voie de combinaifon ou d'imitation, la poffibilité de cette ataque, Philoclès eft un home fage.

XXII.

Conoiffance de l'home.

Vous conoiffez - vous ; vous conoiffez tous les autres. Si vous ne conoiffez pas les autres, c'eft que vous ne vous conoiffez pas vous-même. Je ne crois pas que la maxime foit neuve ; mais elle eft bien vraie. Cette habileté que nous avons à démêler,

contre

contre toute aparence & fur les moindres indices, les défauts & les mauvaises qualités d'autrui, ne vient que du fentiment que nous avons des replis fecrets de notre propre cœur. Point de vices dont le germe ne foit dans le cœur de l'home le plus vertueux. Point de vertus dont le germe ne foit pareillement dans le cœur du plus fcélérat. Ces germes ne font que plus ou moins dévelopés dans chaque individu moral. Au pied de la lettre, apliquons à l'anatomie du cœur ce qu'on a dit de celle des animaux. ,,L'a-
,,natomie des animaux nous devroit être
,,affez indiférente; il n'y a que le corps
,,humain qu'il nous importe de conoî-
,,tre. Mais telle partie dont la ftructu-
,,re eft dans le corps humain fi délicate
,,ou fi confufe qu'elle en eft invifible, eft
,,fenfible & manifefte dans le corps d'un
,,certain animal. De là vient que les
,,monftres-mêmes ne font point à négli-
,,ger.

,, ger. La mécanique cachée dans une
,, certaine espece ou dans une structure
,, comune, se dévelope dans une autre
,, espece ou dans une structure extraor-
,, dinaire. ,, ... * L'anatomie des vices
sembleroit assez indiférente à l'home vertueux: mais il n'est que trop vrai qu'il
aprend à se conoître dans les procédés
des scélérats, afreux dévelopemens de
lui-même qui ont droit de le faire
frémir.

XXIII.
Discernement.

Montrez aux ignorans de petits arcs
de diférentes courbes, ils croiront que
c'est toujours la même chose. Le médiocre géometre distingue les propriétés de
chaque courbe & n'a garde de confondre
le cercle avec l'élipse. Le sublime a une
formule générale qui les renferme toutes,
& où le cercle & l'hiperbole viennent se
réunir

* M. de Fontenelle.

réunir en une feule nature. Il en est de même dans la fience de l'home. Les petits efprits croyent tous les homes, ou trop diférens, ou trop femblables. Ceux qui s'élevent un peu au deffus de cette fphere, remarquent des diférences plus fines. Le vrai conoiffeur diftingue les variétés les plus imperceptibles, & raproche les plus éloignées qu'il voit fe confondre dans l'unité d'un même principe.

XXIV.
Vues baffes.

Ceux qui n'ont jamais manié les verres d'optique, croyent que ce que l'on aperçoit par leur fecours n'eft que vifion & chimere. Les vues baffes & foibles croyent fouvent la même chofe à l'égard de ce qu'elles n'aperçoivent pas. Mais cette remarque eft bien plus vraie de la vue de l'efprit que de celle du corps. L'étude & la reflexion font des inftrumens

mens qui font découvrir une infinité d'objets dont le peuple n'a point conoissance, parcequ'il ne manie point ces instrumens précieux. De plus ceux qui ont les yeux du corps mauvais, le savent & en conviennent, au lieu que persone n'en convient pour ceux de l'esprit; & voilà pourquoi ceux qui ont le plus d'étendue de génie, sont sujets à passer pour voir faux au milieu des petits génies.

XXV.

Peuple d'aveugles.

Un home qui seroit avec l'usage de la vue au milieu d'un peuple d'aveugles, n'auroit pas plus de peine à leur comuniquer ce qu'il voit; disons mieux; n'en seroit pas plus généralement traité d'insensé & de visionaire, qu'un vrai génie au milieu du comun des homes. Son crédit s'établiroit enfin par la supériorité de ses services; mais on sauroit
plûtôt

plûtôt qu'on ne comprendroit, la grandeur de ses avantages.

XXVI.
Vue & sience.

Pour bien juger de la portée de la vue d'un home, il faut voir presqu'aussi loin que lui. Il faut être presqu'aussi savant qu'un autre pour juger de son savoir.

XXVII.
Points de vue.

Il y a des lunettes pour toutes les vues. Dans les télescopes il y a toujours un point qu'il faut chercher avant qu'on en puisse faire usage, & qui n'est quelquefois pas le même pour l'œil droit & pour l'œil gauche. Chaque esprit a de même son point de vue sous lequel il doit considérer une vérité. Tant qu'il ne le saisit pas exactement, il voit trouble; envain lui aporterez-vous mille raisons. L'embaras du philosophe! Souvent, & très souvent, il est dans le cas d'un décorateur, qui exécuteroit un spectacle d'optique, devant une multitude où toutes les vues seroient trop basses, ou bien où il ne se trouveroit pas deux vues qui n'eussent des diférences extrèmes. Cela n'est pas possible de la vue du corps, mais pour celle de l'esprit rien de plus comun. Sans compter que le spectateur s'aide de bonc foi, se prète, & cherche de lui-même la distance, le jour qui lui convient ; au lieu que le lecteur ou l'auditeur s'aide peu. C'est à l'opticien habile à changer les points de vues en assez de façons pour que tout le monde voie, & avec tant de promptitude & de justesse que tout le monde voie presqu'en même tems. Est-ce une possibilité que j'exprime, ou n'est-ce qu'une pure chimere ?

XXVIII.

L'optique du cœur.

On a dit, je crois, ou du moins on a
dû

dû dire, que l'amour & la haine font semblables à ces prismes de verre qui donent aux objets toutes les couleurs les unes après les autres. Si l'on ajoute que la haine est le microscope des défauts, l'amour celui des bones qualités, nous avons *l'optique du cœur.* Ce seroit le titre d'un bel ouvrage.

XXIX.
Timidité.

La Fontaine, Corneille & Malebranche ont été d'une excessive timidité, jusqu'à en prendre quelquefois un air bête & stupide. Hors du cercle de leurs amis on ne pouvoit la plûpart du tems tirer d'eux une réponse qui ne fût impropre & mal tournée. Décontenancés, & semblant n'avoir pas les idées les plus comunes. Quels homes cependant, chacun en son genre! C'est bien de quoi nous aprendre à ne pas juger sur l'étiquette.

XXX.
Etude de la morale.

Pourquoi la plûpart des livres de morale, (ainſi, par parentheſe, que des discours dont nos temples ne ceſſent de retentir,) ont-ils le don d'ennuyer beaucoup, & de profiter ſi peu? C'eſt que tout le monde ſait de fort bone heure ce qu'ils renferment. Il ne s'agit pas de l'aprendre, mais d'en être touché. On n'y voit, on n'y entend, que les mêmes choſes, rebatues; ce qui n'amuſe pas. De plus où ne trouve-t-on point des traits de morale? Tous les livres en fourmillent; toutes les converſations, jusqu'aux plus frivoles, les ramenent; les chanſons même, bacchiques ou amoureuſes, en ſont pleines. Courts & jettés come au hazard, c'eſt la mâne de la ſociété: il eſt inconcevable la quantité d'inſtruction qu'ils y répandent. Mais pour peu qu'ils ſoient trop longs, cu

qu'ils

qu'ils reviennent avec une forte d'afectation, ce n'eſt plus la même chofe. C'eſt bien pis dans un gros volume qui n'eſt que cela, à moins que tout l'art imaginable n'en releve le fond. Ce n'eſt plus une rofée, c'eſt une grêle. Non: ce n'eſt point chez les Auteurs éthiques qu'on peut faire une étude vraiment utile de la morale. C'eſt dans les livres d'hiſtoire, dans les romans, dans les pieces de théatre, dans les fables bien faites, dans tous les ouvrages de goût, mais ſurtout dans notre propre cœur, & dans la conduite des homes avec qui nous avons à vivre. Je crois que tel home a été corigé par un ſeul exemple; par moins que cela, par un trait d'épigrame. Je voudrois ſavoir quelqu'un que dix volumes de morale ayent rendu plus ſage.

XXXI.
Nature & habitude.

Si vous en exceptez le batement du

cœur & l'amour propre, je ne sache rien après cela dans nous, soit pour l'ame, soit pour le corps, qui soit bien constaté être un effet de la nature, & non pas de l'habitude.

XXXII.
Repli du cœur.

Tel sent qu'il a de la vanité: il se dit à lui-même qu'elle est ridicule, mal placée, il s'en humilie; & puis il va s'en orgueillir de s'être humilié.

XXXIII.
Autre.

Que la vanité est subtile! Elle se glisse jusques dans les choses-mêmes que nous ne fesons point pour être conues. Coment n'éclateroit-elle pas, dans ce que nous fesons pour être exposé aux yeux de l'univers?

XXXIV.
Diférence de prix.

On désire l'estime, même de ceux
que

que l'on méprife; mais on ne défire point l'amour de ceux qu'on hait. On ne le défire point, on le craint, on en feroit fatigué: on fe reprocheroit fon injuftice. Rien ne prouve mieux, que malgré notre exceffive vanité, nous prifons encore plus l'amour de nos femblables que leur eftime. L'amour ne fe paye que par du retour; mais la plus haute eftime n'en demande point. Il eft monftrueux de haïr qui nous aime; il ne l'eft point de méprifer au moins dans le cœur ceux-mêmes qui nous admirent.

Belle matiere à réflexions!

XXXV.
Problème.

Quel raport fecret y auroit-il dans le corps & dans l'ame entre la force & la mémoire, auffi bien qu'entre la bone grace & l'efprit? L'on fe vante fans façon d'être robufte & d'avoir la mémoire heureufe: l'on avoue de même fans conséquence, qu'on eſt d'une foible complexion, & qu'on a la mémoire des plus ingrates. Mais il en va tout autrement de l'eſprit & de la bone grace. Ce ſont articles ſur leſquels perſone n'a jamais entendu raiſon. L'on prétend bien n'avoir point trop mauvaiſe grace, & l'on ne peut ſe réſoudre à convenir qu'on n'a point d'eſprit; quoique d'ailleurs on n'ait garde de ſe louer trop ouvertement.

XXXVI.
Solution.

La force & la mémoire ſont des choſes, en quelque ſorte, de fait, & qui peuvent ſe conſtater par des expériences ſenſibles; au lieu que la bone grace & l'eſprit ſe laiſſent moins évaluer, étant choſes plus arbitraires, qui donent plus de jeu aux reſſources de la vanité, en même tems qu'elles la piquent davantage par la haute eſtime où on les voit. Auſſi faut-il remarmarquer qu'il n'en est pas absolument de même, chez les nations sauvages qui ne font gueres cas que de la force, & chez une nation qui n'est pas non plus trop aprivoisée, *les Erudits*, qui ne font cas que de la mémoire.

XXXVII.
Amour de son être.

L'on dit bien, *je voudrois être à la place d'un tel home;* mais dit-on jamais qu'improprement, *je voudrois être cet home-là?* Voulons-nous être autres que nous-mêmes? je n'en sai rien. Car quand je fais réflexion, que quelqu'autre que je fusse, je ne m'en aimerois ni ne m'en estimerois pas moins tel que je ferois, il me paroît assez indiférent d'être ce que je suis, ou toute autre chose. C'est donc dans l'impossibilité d'être métaphisiquement & individuellement autre que ce qu'on est en effet, que consiste le véritable fondement de l'amour-propre

XXXVIII.
La noble indigence.

Ariste est pauvre, & doit sa subsistance à l'humanité de quelques persones pieuses; mais il a l'ame & le cœur fort au dessus de sa fortune, & on lui entend dire *mon indigence*, avec plus de noblesse, que mille autres ne disent *mes biens, mes possessions, mes terres, mes domaines.*

XXXIX.
Vrais & faux biens.

Il y a cette diférence entre les vrais biens de la vertu & les faux biens de la fortune, que c'est posséder les premiers que de les désirer; au lieu que c'est être vraiment pauvre des biens de la fortune que d'en désirer plus qu'on n'en possede, quand on en posséderoit tout ce qui s'en peut avoir. Doit-on s'étoner, que le vertueux ne fasse que croître en vertu, & que l'avare s'apauvrisse au sein même de l'opulence?

XL.

XL.
Le riche mal-aifé.

Philotime, riche de plus d'un milion de revenu, par le fincere mépris de tout ce qu'un milion de revenu procure de fuperfluités, manque d'une bagatelle, pour fournir à lui & à fa famille l'exact néceffaire. En termes plus propres, Philotime n'a rien, & n'a befoin que de fort peu de chofe pour tout avoir: mais il eft autant incapable de fe mettre à l'aife par une baffeffe, qu'il y a de milionaires, qui fans remord comettroient une injuftice criante, à moins que cela.

XLI.
Anobliffemens.

Ce n'eft point le roi, c'eft le tems qui peut faire un gentil-home: vieux dicton, que répete chaque petit noble, propriétaire de quelques parchemins ufés. Le dicton en a menti. Ce n'eft, ni le tems, ni le roi; c'eft la vertu. La vertu feule fait le vrai noble. Le roi le déclare sur un morceau de parchemin tout neuf: & soit qu'il ait bien ou mal déclaré, quand il n'est plus, & son noble aussi, le tems vient qui ronge le parchemin, & lui donc la considération qu'aquierent les vieilles poteries, & les plus chétives pieces de monoie, dès qu'elles ont une certaine antiquité.

XLII.
Le noble & l'anobli.

Que me dit ce parchemin, Thrasonide? Que tu est noble? Point du tout. Qu'il y a trois cens ans, qu'un roi, aussi peu infaillible que le pontife de Rome, déclara que Thrason l'étoit. S'il eut raison, je n'en sai rien ; non plus que si ce fut pour sa valeur, ou pour celle de ses écus. Et toi, Sannionide, avec ton nom alongé de deux filabes, que me montres-tu ?... Hé! hé! La quitance de ce gros paiement.

XLIII.

XLIII.

Le nouveau noble.

La contenance de l'home modeste, qui se trouve vêtu plus magnifiquement que de coutume pour quelque ocasion indispensable, est fort diférente de celle du sot, aussi bien que de celle du fat. Mais s'il lui reste quelque embaras, il n'aproche point de celui de l'home de mérite qui a pu consentir à devenir noble. „ Moi „ noble d'aujourd'hui ! Me ferois-je l'in- „ jure de le croire ? Avois-je donc hier „ des sentimens moins élevés, moins „ de zele pour mon prince, moins d'ata- „ che à mes devoirs ? Pourois-je seule- „ ment me faire le tort de penser que ce „ parchemin soit de quelque utilité pour „ fixer ces vertus en moi ? Ah ! puisse-t- „ il avoir celle de les inspirer à mes en- „ fans ! „ Le comble de la bassesse est qu'un fils de la fortune, qui conoît de la vertu à peine le nom, prenne l'efficace du parchemin, la ridicule enflûre que lui done un nouveau titre, pour la vertu elle-même & la noble ardeur du sang des Dieux.

XLIV.
Titres.

Il n'eſt point ridicule de n'être, ni baron, ni comte, ni marquis; mais il eſt ridicule de ne l'être que depuis deux jours.

XLV.
Défauts de naiſſance.

On ne ſe moque point des défauts de naiſſance, quand on ſait vivre. Je paſſe à un home d'un mérite fort ordinaire d'être noble, quand c'eſt la naiſſance qui l'a fait tel. Mais s'il a le front de le devenir, c'eſt autre choſe.

XLVI.
La vraie grandeur.

Qu'un grand eſt petit en comparaiſon d'un home de mérite ſans ambition, qui n'atend n'atend point ses graces, qui ne lui demande rien, qui craint d'en être conu, qui redouteroit son estime come capable de lui rendre suspecte à lui-même ce peu de vertu qu'il sent au fond de son cœur, & qui est le seul bien dont il fait cas!

XLVII.
Grandeur & mérite.

Les grands, en afectant de passer pour gens à conoissances, qui ont de l'esprit, du discernement, du goût, relevent le prix du vrai mérite, & montrent combien ils l'emportent sur leur vaine grandeur. Pourquoi nous-mêmes en dégrader l'excellence, en nous rabaissant jusqu'à faire cas de leur faste & de leurs richesses?

XLVIII.
La meilleure part.

Les grands s'imaginent avoir tout le bon sens & tout l'esprit possible. Ils sont aussi

auſſi contens que ceux qui jouiſſent véritablement de ces avantages. Que ne nous imaginons-nous à notre tour, être du ſang le plus illuſtre, & poſſéder toutes les richeſſes de la Lidie? Les choſes ſeroient égales. Par malheur les titres ſe produiſſent, & les écus ſe calculent; mais la raiſon ne ſe compte ni ne ſe manie pas. Il ne nous reſte qu'à modérer nos déſirs, & montrer que nous ſomes les mieux partagés.... Ah! mieux partagés qu'eux! Car l'home d'une vertu ſimple & naïve l'eſt mieux que nous, quand ſes lumieres ſeroient fort courtes, & ſon eſprit des plus bornés.

XLIX.

Défi de Diogene.

Je défie un grand qui n'eſt que grand, quelque grand qu'il ſoit, de me mépriſer ſi fort que je ne le mépriſe davantage.... Eſſayons un peu, Pozytidès.

L.

L.
Clé de la précédente.

Quel est, me dira-t-on, ce Pozytidès que vous bravez à votre aise sous un faux nom ? Oseriez-vous doner votre clé ? Sans doute. Ecrivez les noms de tous les grands, tant d'Espagne, que des autres états de l'Europe. Joignez-y ceux de l'Asie & de l'Afrique, avec les Caciques & les Incas. Tirez au sort. Vous jouerez de malheur si ce n'est lui que vous rencontrez.

LI.
Humanité.

Fuyez les homes : fuyez surtout les grands ; ils sont plus homes que les autres.

LII.
Solitude du sage.

Le sage n'est point seul, lorsqu'il n'a que lui pour compagnie : mais quelqu'un qui survient, & qui n'est point une compagnie

pagnie pour lui, en le tirant d'avec lui-même le met dans une ennuyeuse solitude. Philinte erroit dans une promenade charmante. Mille pensées l'entretenoient agréablement & repandoient une douce sérénité sur son visage. Un facheux l'aborde. Quelque délicieux que soit ce parc, lui dit-il, ne sentez-vous pas come moi que la promenade ne fait point de plaisir quand on est seul. Je ne le suis que depuis un instant, repliqua Philinte.

LIII.

Saluts.

Deux oficiers, deux prêtres, deux moines, (sans se conoître autrement qu'à leurs habits,) se saluent quand ils se rencontrent. Ce n'est pas parcequ'ils sont homes qu'ils se saluent, mais parcequ'ils sont oficiers, prêtres ou moines. C'est à la conformité de leur choix qu'ils rendent homage.

LIV.

LIV.
Complimens.

Les complimens, les louanges, chez la plûpart des homes, ne sont qu'un tribut politique que l'esprit rend à la coutume & à la bienséance. Chez l'home droit c'est un homage sincere que le cœur rend au vrai mérite.

LV.
Gageures.

Gager de ce dont on n'est pas sûr, c'est folie. D'un autre côté, il est odieux de profiter de l'ignorance obstinée d'autrui. Laissons les gageures à qui n'a pas, ou un jugement bien sain, ou une confience fort délicate.

LVI.
Besoins & plaisirs.

Les besoins sont la source des plaisirs. Que j'achéterois volontiers de tous les plaisirs, d'être débarassé de tous les besoins!

LVII.
Les excès.

Je ne suis point fâché de ce que trop manger cause des indigestions, trop boire enivre, trop marcher lasse, trop dormir apesantit, trop jouer dérange, ni même de ce que se livrer trop aux douceurs d'un amour légitime seroit aussi préjudiciable qu'une vraie débauche; mais de ce que trop penser est une sorte d'incontinence très dangereuse, qui mine le corps & nuit à l'esprit même.

LVIII.
Le philosophe & le soldat.

Le devoir du soldat est la subordination & la bravoure. Celui du philosophe est l'amour de la vérité.

LIX.
Vérité.

La vérité doit toujours être dite. Je parle des vérités de spéculations, & non des vérités de fait. S'il étoit vrai qu'il n'y n'y eût point de Dieu, cette vérité *il n'y a point de Dieu*, feroit le Dieu-même auquel il faudroit facrifier.

LX.
Amour de la vérité.

Sondons nos cœurs. Ce grand amour de la vérité, n'eft que l'amour de ce que nous croyons vrai. Ce n'eft que l'amour de nos opinions, diroit M. de la Rochefoucault; & je crois qu'il auroit raifon.

LXI.
Le plus terrible inconvénient de la franchife.

Il y a des gens qui à force de franchife fe font vus dans la néceffité d'être fourbes, pour fe tirer des fituations facheufes où leur franchife les avoit mis. Ne valoit-il pas mieux comencer par la diffimulation, qui du moins eft de quelques nuances au deffous de la fourberie? O home vrai, profite de leur exemple, fi tu peux!

LXII.

LXII.
Le fatalisme.

L'histoire des crimes & des folies des homes ne seroit-elle que l'histoire de leurs infortunes ? Une conduite de *misérable ;* un *malheureux* qu'on mene au suplice ; ces expressions ne seroient-elles que trop propres ? Les vices & les crimes qui sont une vraie misere, ne seroient-ils que de vrais malheurs ? des suites de l'enchaînement des choses ? des coups du sort, come la fracture d'un membre, une ataque de peste, un naufrage, ou la chute de la maison ? *Absit !*

LXIII.
Le crime propre au criminel.

Nous imaginons un esprit suborneur, qui nous tente, & qui nous induit à faire le mal que nous fesons ; mais on a bien dit que la tentation est en nous-mêmes. C'est assez de nous-mêmes pour comettre le crime ; & c'est trop d'un second,

cond, & d'un second de cette nature, pour que nous en soyons vraiment coupables. Un tentateur !... Frivole excuse. On auroit autant de raison d'introduire Satan, qui débiteroit que c'est le diable qui l'a tenté.

LXIV.
Simbole de la sagesse.

C'est une girouette, dit-on; il tourne à tout vent. *C'est une girouette !* Selon moi, simbole de la sagesse, qui change, & change tout juste, selon le changement des conjonctures. Heureux qui remplit les devoirs de son état avec la même ponctualité que cette girouette. Ah ! qu'elle se piqua de stoïcisme : come le vaisseau seroit gouverné ! Le sage pilote porte les yeux sur elle de tems en tems, aussi bien que sur sa boussole. Autre girouette que cette boussole, & le pilote aussi parconséquent. Trois girouettes de qui dépend la vie de tout l'équipage.

L'im-

L'immutabilité eſt ſtupidité pure au milieu des choſes qui changent.

LXV.
Liaiſon.

Les idées juſtes ſont fécondes, & les idées fauſſes le ſont auſſi. Les idées juſtes ſont fécondes en idées juſtes, & les fauſſes en idées fauſſes. Qui croiroit que penſer plus juſte que les autres ſur la girouette, fût un degré pour penſer plus juſte ſur l'être ſuprême ? Rien ne prouveroit mieux l'importance dont il eſt de penſer juſte en toute matiere. La penſée précédente, & quelques autres qui ſe trouveront dans la ſuite de ces eſſais,* en

---

* Dans les *Proteſtations & Déclarations philoſophiques.* Lorſqu'il s'agira d'établir une idée juſte de l'immutabilité divine, d'examiner s'il y a ou s'il n'y a point ſucceſſion en Dieu, & de prouver que le chan-

en font un exemple frapant; mais peut-être pour les siecles à venir : trop de préjugés s'oposent à ce qu'on les goute en celui-ci.

LXVI.
Expériences sur l'ame.

S'il n'y avoit ni songes, ni délires, ni folies, la nature de l'ame nous seroit bien moins conue. Je ne dis pas pour cela qu'il est avantageux qu'il y ait des délires & des folies, mais que la sagesse tire parti de tout.

LXVII.
Achopement.

Un sage, pierre d'achopement parmi les foux. Oui; les foux sont moins foux entr'eux, que lorsque venant à rencontrer

changement n'est rien moins qu'une imperfection, quand il est nécessaire & raisonable.

Nota. *Aliment d'iniquité.*

trer sous leurs pas un sage, objet rare & singulier, l'extraordinaire de la chose les met en fougue, & leur cause les plus furieuses & les plus ridicules agitations; bien des chutes & des faux pas.

LXVIII.
Aux Etrangers.

Je vous le dis, Etrangers, & faites-moi la grace de m'en croire: quand vous voyez un françois bel-esprit, qui a des manieres, qui parle bien, qui se tire joliment d'afaire dans un cercle de persones de l'un & de l'autre sexe, qui tranche & décide sur tout, littérature, métaphisique, siences, arts, guerre, politique & galanterie, & qui vous paroît au fond sans solidité, sans lumieres & sans principes; sachez, vous dis-je, qu'en France même cela s'apelle UN FAT.

LXIX.
Aux François.

Je vous ai quités, mes chers compatriotes,

triotes, & me suis mis dans l'impossibilité de revenir jamais parmi vous. Qu'à Dieu ne plaise, qu'à l'exemple de la plûpart de mes semblables, je blasphême mon pays, ou que j'afecte à son égard d'injustes dédains! Devenu citoyen du monde, errant, sans patrie, sentant le besoin d'une patrie, j'ai désiré quelquefois, d'être né, l'avourai-je? dans

Ce Londres, de tout tems l'émule de Paris. J'ai souhaité d'être anglois; mais ç'a toujours été à condition que je n'eusse point de haine contre les françois. En quelque lieu que la fortune m'ait jetté, je n'ai fait honte à ma nation, ni par ma conduite, ni par mon caractere d'esprit, ni par des censures, auxquelles le caractere d'esprit & la conduite seroient peut-être capables de doner du poids. J'ai pris votre cause en main au point de me faire dire souvent, *s'ils sont si aimables, pourquoi les avoir quités?* Favorisés du ciel autant que vous l'êtes; habitans du climat de l'Europe le plus doux & le plus tempéré; gouvernés depuis lontems par des princes vertueux, toujours estimables chacun en des genres diférens; avec les mœurs les plus sociales & des talens exquis, si vous aviez moins de légéreté, vous seriez les plus parfaits des homes. Soufrez que ce soit à la défense de cette these que je restraigne l'ardeur de mon zele. Encore ne trouverai-je que trop de contradicteurs. Soutenir que vous avez seuls en partage, le goût, l'esprit; le bon sens surtout; qu'une humeur impétueuse & volage ne vous jette dans aucun travers; que vos demi-génies, tranchans & superficiels, sont des oracles; vos petits-maîtres, de vrais Catons! Je me deshonorerois, & ne vous servirois point, ô mes chers compatriotes.

LXX.

LXX.
A' ceux qu'on apelle
DES ALEMANS.

Je vous dois, généreux Alemans, un témoignage de ma reconoiffance. Je n'héfiterois à le doner que parceque je fuis au milieu de vous. Au lieu que j'ai reçu de mes compatriotes bien de petites injuftices, avant que je quitaffe ma patrie, & depuis que je l'ai quitée, j'ai trouvé parmi vous des aziles, * des fecours, des

---

* Je comprens fous le nom d'Alemagne la Suiffe & la Holande.

On s'eft avifé de croire que le tour fingulier du titre, *A' ceux qu'on apelle* DES ALEMANS, avoit raport à cette note. C'eft être fort loin de l'allufion; & d'ailleurs ce tour ne feroit pas françois. J'en veux à la maniere peu mefurée dont s'expriment nos beaux-efprits, en parlant d'une nation, qui l'emporte plus fur nous

des encouragemens, &, ce qui m'est le plus sensible, des jugemens sages & modérés. Mes compatriotes, juges naturels du stile dans leur langue, y bornent à-peu-près mon foible mérite. Vous daignez l'étendre jusqu'à celui des choses, & des choses solides, dont ils me permettront de dire que généralement parlant vous êtes meilleurs juges qu'eux. Je ne négligerai point ce qu'ils m'acordent; j'en fais cas: mais, c'est par un mérite supérieur à celui des mots, que je cherche à me naturaliser parmi vous.

LXXI.

Sens d'un ancien mot.

On a dit que le caractere du sage est de n'admirer rien, de ne s'étoner de quoi que nous dans les choses solides, que nous ne l'emportons peut-être dans les choses de goût. J'en veux, par exemple, à ceux dont c'est là le stile: *Les Alemans pensent ceci, ou cela; mais aussi, ce sont les Alemans.*

que ce soit. Par exemple, on sait qu'il y a trois cens milions de lieues d'ici à Saturne, & sans comparaison davantage jusqu'aux étoiles fixes. Pour le bon esprit ce n'est là qu'un fait ; pour le petit esprit, c'est une merveille.

LXXII.
Admiration.

Le peuple admire tout avec stupidité ; le philosophe avec sagacité. L'un est subjugué par ce qu'il admire ; l'autre le subjugue. L'admiration du peuple met sa bassesse dans tout son jour ; celle du philosophe relève encore sa véritable grandeur.

LXXIII.
Elévation respective.

Un esprit élevé ne s'apercevroit point de son élévation, si ce n'étoit la bassesse de ceux qui l'environent. Souvent il en est effrayé & tâche de se rabaisser à leur niveau. Mais lorsqu'il done l'essor à la vivacité de ces sentimens, il n'ignore pas que ces petits esprits prendront sa noblesse pour de la vanité, son élévation pour de l'orgueil, sa grandeur pour une ridicule enflûre, surtout s'il manque de ces dehors brillans qui en imposent à la multitude. Ne pas ramper avec les insectes, est sans doute une présomption bien impardonable.

LXXIV.
Humilité très ofensante.

On pouroit s'estimer plus que les trois quarts & demi des persones estimables que l'on conoît, & avec cela ne s'estimer gueres. On pouroit valoir mieux que les autres homes, & valoir très peu; savoir que l'on vaut mieux & que l'on ne vaut gueres. Et pouroit-on valoir mieux que les autres sans le savoir, & sans savoir en même tems que l'on ne vaut gueres? Enfin l'on pouroit être infiniment plus humilié du peu qu'on vaut, qu'enorgueilli

orgueilli d'un mérite qui n'est que respectif. Mais, que penseroient les homes d'une humilité de cette nature?

LXXV.
Le lapon.

Un lapon, d'une taille avantageuse dans son pays, essuyoit les reproches des nains ses compatriotes, qui jaloux de sa bone mine l'acusoient d'en être trop fier. Il voyagea; j'ai pensé dire, au pays des réflexions. Il n'ala qu'en deux ou trois contrées de l'Europe. Frapé du peu de figure qu'il y fesoit, il revint chez lui, ne voyant plus que sa petitesse & celle de sa nation. Ce n'est pas qu'il pût se cacher le médiocre avantage dont il jouissoit; mais il ne s'en trouvoit que plus ridicule. On assure que les lapons, aussi vains que petits homes qui soient au monde, le mirent en pieces, outrés du mépris que fesoit de lui-même un

home

home dont ils n'avoient pu s'empêcher d'être jaloux.

LXXVI.
Le patagon.

Un patagon, qui avoit douze pouces de moins que les plus petits individus de fa gigantesque nation, défolé de s'entendre apeler *nain*, *nabot*, s'enfuit dans un défert, où après avoir erré lontems il fe rencontra fur le bord de la mer, près d'un vaiffeau dont les matelots dormoient fur le rivage. Il penfa d'abord les dévorer; mais flaté de voir des homes plus petits que lui, il fe mit à leur faire mille careffes, & fe laiffa conduire dans le vaiffeau, toujours plus atendri des fentimens d'admiration, de défiance, & de frayeur même, qu'il infpiroit. Il vint en Europe, dont il parcourut toutes les contrées, traînant après lui la foule des peuples, qui racontoit merveilles de fa force, de ce qu'il mangeoit, de ce qu'il buvoit.

buvoit. Je ne fai coment il revint enfin près du détroit de Magellan: mais il avoit alors fi bien pris l'habitude de fe croire d'une taille prodigieufe que la folie lui en refta toute fa vie. Il prétendoit ne le céder à pas un de fes compatriotes. Ah! les gens d'Europe, les gens d'Europe, répétoit-il fans ceffe; ils m'ont tous dit que j'étois bien grand? Hé! nabot, lui répliqua quelqu'un, de quelle conféquence eft la petiteffe de ces nains pour ta grandeur?

LXXVII.

Comparaifons avantageufes.

Il eft bien moins de lapons au monde que de patagons de l'efpece dont je viens de parler. On ne voit que gens qui fe comparent à plus fots qu'eux, & il faut l'être infiniment pour n'en pas trouver qui le foient plus. D'autres montés fur leurs échaffes fe croyent de fort belle taille, mais ils n'ont garde de ravaler trop le *module* de leur grandeur. Ils valent dix homes, cent homes, mille homes; & un home c'eſt beaucoup. Si la plûpart des homes leur paroiſſent trop petits, ils leur font la juſtice de croire que c'eſt l'éloignement qui en eſt la cauſe.

LXXVIII.
Vanité modeſte, ou modeſtie orgueilleuſe, come on voudra.

On acuſera perpetuellement de vanité ceux qui ſe diſtingueront entre leurs ſemblables, & qui paroitront avoir quelque ſentiment de leurs avantages; & il ſe poura bien qu'on ait raiſon. Mais les plus coupables ſeront ceux qu'on acuſera le moins; ceux qui valant mieux que beaucoup d'autres afecteront de n'en rien ſavoir.

LXXIX.
Noble orgueil.

Quand une ſorte de déchaînement jaloux

loux se remarque contre un home sans ambition come sans fortune, qui passe une vie simple & unie dans les travaux de sa vocation, il ne faut plus lui demander preuves de mérite. Un noble orgueil ne lui sied pas mal. Plus on afecte de le rabaisser, plus il lui convient de lever la tête. Permis de faire les modestes à ces favoris de l'opinion, qu'on s'empresse de célébrer à tort & à travers. Et même en voit-on beaucoup qui ayent sette délicatesse ?

LXXX.
Fantômes.

Dans la plûpart des louanges, je dis des louanges sinceres, que nous donons aux persones que nous estimons le plus, combien de fois ne nous formons-nous pas à l'imagination des fantômes de mérite & de vertu, très diférens de la réalité, lesquels nous trompent d'abord, & trompent ensuite les autres par notre moyen.

yen. Il faut être en garde contre la tentation de blâmer, même ce qui paroît blâmable. Il faut l'être auſſi contre la tentation de louer, même ce qui paroît louable. On ſe repent de l'un come de l'autre.

LXXXI.
Précipitation dans les jugemens.

Si je t'ai craint, Pélopidas; ſi j'ai toujours fui ta préſence; ce n'eſt pas que tu m'en impoſaſſes: je t'avois péſé, auſſi bien que ton aréopage. Mais quel eſt l'home dont la réputation n'ait pas beſoin du ſufrage de la multitude? J'ai redouté l'empire que tu avois ſur elle, & la précipitation de tes jugemens. Ah! ſi tu euſſes conu le tort que tu feſois aux excellentes qualités de ton cœur & de ton eſprit!

LXXXII.
Vangeance aiſée.

Qu'il eſt doux de ne recevoir que de

ces injures, qu'il ne faut que publier foi-même pour s'en vanger !

LXXXIII.

Reſſources extrêmes contre les coups de la calomnie.

Il eſt des plaies qu'on ne peut guérir qu'en les élargiſſant, & en y feſant de profondes ſcarifications. Il en eſt auſſi ſur leſquelles il faut écraſer l'animal venimeux qui les a faites.

LXXXIV.

Inocence, foible apui.

L'on peut répondre de ſa conduite ; mais repond-on des effets de la calomnie ? Le ſage par l'inocence de ſa vie réduit ſes envieux à ne lui pouvoir nuire que par des crimes ; mais n'avoir que des crimes à craindre de la part des homes, eſt-ce une raiſon de vivre plus raſſuré ?

LXXXV.

LXXXV.
Courage.

Il n'étoit pas à propos que le courage tirât toujours le héros du danger. Le vrai courage ne voudroit pas lui-même d'une prérogative qui l'anéantiroit. Où feroit le mérite, s'il ne s'agiffoit que de ne rien craindre pour n'avoir effectivement rien à craindre. Il eft un courage philofophique encore plus grand, qui confifte à faire fon devoir, avec la certitude qu'on ne réuffira pas, parcequ'on aura fait fon devoir. . . . . Un courage chrétien, fort fupérieur, c'eft de faire fon devoir avec la certitude de fucomber.

LXXXVI.
L'exercice de la vertu.

Il en eft de pratiquer la vertu côme de jouer des inftrumens à vent, tels que le cor, le hautbois, la flute. Cet exercice fatigue, tue, ceux qui n'y excellent pas.

LXXXVII.

LXXXVII.
Afectation de vertu.

Les manieres & la conduite de ceux qui afectent des vertus & de bones qualités qu'ils n'ont pas, font semblables aux copies que de mauvais peintres font des originaux d'un grand maître : ces tableaux sont toujours, & sensiblement génés dans le dessein, & trop forts en coloris.

LXXXVIII.
Vuë terrible; ravissement exquis.

Tout le monde sait ce beau vers de Perse;

Virtutem videant, intabescantque relictâ.

Perse ne demande d'autre punition des plus afreux tirans, *que de leur faire voir la vertu, & qu'ils sechent du cruel regret de l'avoir quitée.*

Je ne crains point de mettre à côté de cela ces deux vers du Mahomet second de M. de la Noue. Ce prince, *de vices, de*
vertus

vertus assemblage bizare, s'écrie, après une action généreuse ;

Les plaisirs, les grandeurs n'ont pu remplir mes vœux.

Un instant de vertu vient de me rendre heureux!

LXXXIX.
Douces larmes.

„ Les ris, que la folie insensible laisse
„ éclater dans ses fausses joies, sont beau-
„ coup moins agréables que les pleurs mê-
„ me de la vertu : „ dit M. Pope, *Essai sur l'home*. Heureux, qui peut s'écrier dans la sincérité du cœur;

Pleurez, pleurez, mes yeux!.. & fondez vous en eau!

XC.
Hipocrisie.

L'hipocrisie singe de la vertu feroit peur par sa diformité, si elle ne se couvroit d'un masque & n'empruntoit les habits de sa rivale. Ce n'est plus qu'à sa démarche qu'on peut

peut la reconnoître; elle conserve toujours quelque chose de géné. On voit assez que ce n'est pas pour aler droit sur ses pieds que ce monstre est fait.

XCI.
Le dévot exact.

C'est un home exact que Philogene. Il a de la dévotion tout jusqu'à la médisance & l'humeur noire. La dureté d'ame n'y manque pas non plus.

XCII.
Livrées.

Les livrées de la pauvreté siéent bien à la vertu.

Je ne veux pas dire, qu'il est plus à propos que la vertu soit pauvre, que riche ou à son aise ; mais qu'elle a bone grace, même sous la mandille & les haillons. Il me semble que la pensée est claire : cependant j'ai vu qu'un home d'esprit s'y est trompé. J'avoue que la vertu a sans contredit

tredit encore meilleur air fous la riche livrée de Plutus.

L'or même à la laideur donc un teint de beauté.

Un autre effet de l'or, plus noble & plus merveilleux, eft de relever jusqu'à l'éclat de la vertu même.

* Il faut croire que c'eft le motif des gens dont il eft queftion dans la fuivante.

XCIII.

Siftème inoui.

On a entendu parler de peres & de meres qui ont proftitué eux-mêmes leurs enfans. Cela n'eft que trop comun chez le pauvre peuple. Je ne fai fi ce qu'on va lire eft moins horrible. J'ai conoiffance que des parens ont érigé l'avarice en principe d'éducation. Ils fe font fait une forte de fiftème, & un devoir, de l'infpirer à leurs enfans dès le berceau. Ils veulent que les premiers objets qui leur frapent les yeux
foient

soient l'or & l'argent. Ils leur en montrent, leur en comptent, leur en font manier & compter; s'extasient à deux sols! trois sols! louent avec emphase les plus viles monoies; leur en abandonent quelques pieces, avec promesse de doubler, si au bout de la semaine, ou du mois, la some se retrouve entiere; tiennent parole en gémissant; & laissent ainsi grossir le trésor des dix & quinze anées de suite. Il ne manque plus que de placer le cofre sur un autel, & d'y sacrifier au Dieu tutélaire de la famille.

XCIV.

Maladie épidémique sans remede.

Le peuple me sifle, dit l'avare; *mais moi, je m'aplaudis lorsque je contemple mon trésor.* * Voilà donc l'impossibilité de

---

* Populus me sibilat; at mihi plaudo
Ipse domi, simul ac nummos contemplor in arcâ.

Her. Sat. I. L. 1.

de guérir un avare, même lorsque tout un peuple conspire à lui faire sentir la honte de sa passion. Mais si c'étoit le peuple même, le peuple tout entier, qui fût une fois saisi de cet infame esprit de lésine; ô moralistes, quelle seroit l'inutilité de vos leçons & de vos censures!

C'est à quoi mene l'effroyable sistême d'éducation dont j'ai parlé.

XCV.
Aquits.

Quelque dificulté qu'on éprouve à se résoudre à emprunter, pour la plûpart des gens il est encore plus pénible de rendre. L'honête home & l'home d'honeur empruntent avec peine, rendent avec plaisir; le premier parcequ'il satisfait à son devoir, le second parcequ'il soulage sa vanité.

XCVI.
Doner & recevoir.

Celui qui done acquiert je ne sai quelle supé-

supériorité qui fait trouver quelque chose d'humiliant à recevoir, lorsque ce qu'on nous done nous est doné gratuitement. Aussi y a-t-il beaucoup plus de grandeur d'ame à soutenir noblement la qualité d'obligé, qu'à se parer avec faste du titre de bienfaiteur.

XCVII.
Doner & reconoître.

Doner c'est se tirer de pair d'avec son obligé. Reconoître c'est se remettre de pair avec son bienfaiteur. On trouve plus d'homes généreux que de reconoissans, par le même principe qui fait que l'ambition de dominer sur autrui pique encore plus vivement que le désir de la liberté.

XCVIII.
Ingratitude.

L'ingratitude vient également de l'orgueil & de l'intérêt. Selon la pensée comune la qualité d'obligé est une espece de servitude. L'intérêt veut donc qu'on s'échape plûtôt, si l'on peut, que de payer sa rançon. L'orgueil de son côté ne veut, ni être esclave, ni l'avoir jamais été; & se racheter par la reconoissance seroit un aveu qu'on l'auroit été.

XCIX.
Ingratitude & reconoissance.

La reconoissance & l'ingratitude n'ont souvent qu'un même principe dans le cœur des homes. On se croit dans l'assujétissement de celui dont on a reçu des services considérables. C'est un esclavage dont on veut se délivrer de maniere ou d'autre. On paye sa rançon; ou l'on rompt soi-même sa chaîne, & l'on s'échape: ce ne sont que les conjonctures qui décident.

C.
Deux especes d'ingratitude.

Il y a deux sortes d'ingratitude, l'une qui consiste à ne point reconoître les services

vices qu'on nous a rendus, l'autre à n'en point accepter de ceux à qui nous avons eu le bonheur d'en rendre.

CI.
Bienfaiteur tiranique.

Quand on a rendu service à quelqu'un, rien n'est plus tiranique que de lui oter soigneusement les ocasions qu'il pouroit avoir de prendre sa revanche. C'est faire payer trop cher un bienfait, que de tenir toute sa vie notre obligé dans la dépendance.

CII.
Refus de services.

J'entens dire tous les jours à bien des gens, qu'ils ne veulent avoir obligation de quoi que ce soit à persone. C'est à mon avis un orgueil mal entendu. Toute la société ne roule que sur un comerce honête & légitime de secours & de services réciproques. C'est troubler l'ordre de ne rendre aucun service: c'est ne le troubler gueres moins que de n'en point accepter, quand l'ocafion s'en préfente, & qu'on s'ofre à nous de bone grace pour nous obliger.

CIII.
Liens facrés.

Si nous devons tant de reconoiffance à qui nous a obligé une fois dans fa vie, que ne devons-nous pas à quelqu'un dont toute la vie n'eft qu'un bienfait !

CIV.
Souhait mal acompli.

Dieu me préferve d'avoir jamais même la meilleure de toutes les femmes. Ce n'eft pas que je penfe que la meilleure n'en vaille rien. Mais c'eft que fi je la poffédois, l'apréhenfion de la perdre me feroit un plus grand fuplice que la fociété de la plus méchante.

Je l'écrivois à dix-huit ou dix-neuf ans. Je l'éprouve à près de quarante.

CV.

CV.
Effet de l'amour.

Il est vrai de dire dans un sens, qu'un amour mutuel de deux persones n'en fait qu'une. Il est encore plus vrai de dire dans un autre, que de chacune il en fait deux. L'amour double notre être en nous associant à celui d'un autre. Et ce qui est tout-à-fait étrange, cette association done sur nous à la malignité du sort quatre fois plus de prise qu'elle n'en auroit naturellement. L'indiférent ne sent que ses propres maux, & il ne les sent que pour lui seul. L'amant sent ses propres douleurs, & pour lui & pour la persone dont il est aimé; & il sent les douleurs de la persone qui lui est chere, & pour elle & pour lui-même.

CVI.
Sensibilité.

Hélas! ne donons-nous pas assez de prise par nous-mêmes aux sentimens dou-

douloureux, sans étendre encore notre être en tant de façons. Femme, enfans, parens, amis, patrie, que d'objets, d'où mille & mille chagrins doivent réfléchir sur nous ? Heureux celui qui ne tenant à rien n'a lieu d'apréhender des malheurs que pour lui seul. Ah ! plus heureux cependant, oui plus heureux, celui qui porte un cœur dont l'aimable sensibilité le rend sujet à tant de maux !

CVII.

Absences.

Il en est de l'absence en amour come de certaines liqueurs propres à fortifier l'estomac: quelques goutes font un effet admirable, la quantité tue. On a dit mille fois que de courtes absences raniment l'amour, aulieu que de trop longues l'anéantissent. Heureux le couple, d'époux, d'amans, ou d'amis, qui n'a pas besoin des petites absences, & ne court point le danger des grandes ! CVIII.

CVIII.

Apophtegmes des anciens.

Dans les siecles reculés où le monde sortoit à peine de sa premiere enfance, les conoissances aquises, le talent de s'énoncer, la justesse d'esprit, le bon sens même & la raison, si j'ose le dire, étoient plus rares, mais le prix en étoit mieux conus. Rien n'étoit perdu. Les moindres paroles d'un sage étoient relevées avec soin. On recueilloit avec un louable empressement ces précieuses semences du vrai, que l'abondance de nos richesses nous fait dédaigner aujourd'hui. C'est ainsi que l'or & les diamans, si estimés parmi nous, sont méprisés des peuples qui les voyent naître sous leurs pas. Autrefois tout ce qui portoit l'empreinte du bon sens & de la raison frapoit l'esprit avec vivacité. Les vérités ne se produisoient point envain, même dans les conversations les plus familieres.

Elles devenoient autant d'oracles que l'on gravoit avec respect dans les temples, & dans les lieux les plus aparens des maisons & des édifices publics, pour les conserver à la postérité qu'on ne soupçonoit pas devoir être un jour si dédaigneuse.

CIX.
Contre la tentation de grossir un ouvrage sans beaucoup de choix.

Ce n'est point à faire un livre qu'il faut penser, mais un bon livre.

CX.
Ecueils.

A force de variété, il arive souvent qu'on retombe dans l'uniformité.

CXI.
Moyen de bien faire.

C'est de ne se flater point trop tôt d'avoir bien fait.

CXII.

CXII.
Beau mot d'un courtisan.

Ah! j'eussé fait gagner un jour à Titus! Chagrin de n'avoir point été instruit d'une ocasion de faire un digne usage de son crédit.

CXIII.
La vigne.

Pope me permettra d'apliquer à l'home de lettres ce qu'il a dit de l'home en général. *Il est semblable à la vigne; come elle il a besoin d'apui.* Il porte come elle des fruits excellens; mais sans apui il ne fait que traîner à terre, & ses productions sont inutiles.

CXIV.
Echalas.

Ne suit-il point de la pensée précédente que les Mécenes sont de francs échalas? Hélas, mon Dieu! la chose n'est que trop vraie les trois quarts du tems. Combien dont l'aride mérite se borne au foible apui qu'ils procurent! Avouons pourtant qu'il s'en rencontre auſſi d'une autre eſpece. Il eſt des ormes majeſtueux auxquels la vigne s'alie, ſous l'ombre deſquels les oiſeaux, les animaux & l'home même, viennent chercher leur azile, & une ſalutaire fraîcheur. Ils étoient comuns en Grece & en Italie, mais ils ſont rares dans nos climats.

CXV.
Le plus digne Mécene.
Octave auprès d'Auguſte.

CXVI.
Les renomées.

Achile, héros preſque fabuleux, eſpece de Cacique d'un petit peuple encore ſauvage, doit ſa renomée aux rêveries d'un poëte. Alexandre, héros qui n'a été que trop réel pour le malheur du monde, a plus été décrié que vanté par les poëtes de toutes les nations, & n'a
point

point d'hiftoriens qui ne lui foient poftérieurs de plufieurs fiecles. Les deux premiers Céfars, plus grands homes que héros, furtout le fecond, n'ont été rien moins que mis au rang des Dieux par des poëtes à gage; mais s'ils n'avoient que de beaux vers pour garans de leurs actions, je doute fort que leur renomée fût ce qu'elle eft, come je fuis fûr qu'elle ne feroit pas moindre, quand ces poëtes auroient péri. Titus l'amour du monde a des hiftoriens exquis. Conftantin & Théodofe n'en ont eu lontems que très médiocres, & Charlemagne de déteftables. Repofez-vous, Frédéric, fur l'éclat de votre regne, & fur la grandeur de vos actions.

CXVII.
Le joli & le beau.

Les petits efprits ne conoiffent que le joli; il n'y a que les grands qui conoiffent le beau. De là ce fat qui difoit de

Turenne; *c'est un joli home*. De là ce sot qui pour aplaudir à Corneille, disoit;

A mon gré le Corneille *est joli* quelquefois. Il est étonant que ce vers de Boileau si conu n'ait pas corigé les gens, au moins sur le langage. On en trouve à tout moment, qui pour toute louange aux morceaux les plus sublimes d'un grand auteur, vous régalent d'un *cela est joli*. Les jolies gens que ce sont là!

CXVIII.
Diversité des esprits.

Esprit est un nom qui convient à plusieurs freres d'humeurs & de caracteres fort diférens. Le jugement & l'imagination se marierent, & de leur union sont nés un grand nombre d'enfans, qui tiennent tous plus ou moins du pere ou de la mere. De là cette prodigieuse diversité qui se trouve entr'eux.

CXIX.

CXIX.
Usages.

Come on dit, *je ne bois point de vin, je ne prens point de café, je n'use jamais de tabac,* on trouve des gens qui disent froidement & sans façon, *je ne lis point.* Eh que ne disent-ils aussi; *je suis une brute, je ne pense jamais.*

CXX.
Lecteurs.

Qu'il est de ces lecteurs sans goût pour qui le sentiment n'est rien! Un d'eux venoit de me lire un jour, sans aucun signe de vie, & come on liroit une table des matieres ou un simple catalogue de livre, un morceau dont un marbre seroit ému. Ah! m'écriai-je; songez donc qu'il est des choses au monde qui demandent à être senties. Laissez, au nom de Dieu, une fois dans votre vie, pénétrer votre ame à l'admiration. C'est come si j'eusse dit à un aveugle né: Il est un ciel, une lumiere, des objets. Ouvre les yeux, misérable; vois, contemple, admire. Hélas! il ne le peut pas.

CXXI.
Les sens.

Les spectacles n'aiment point les aveugles, ni les concerts ceux qui n'ont point d'oreille, ni les parfums ceux qui n'ont point de nez, ni les mets exquis ceux qui se refusent aux douces saveurs, ni les bijoux délicats les gens d'un tact rude & grossier: de même les lecteurs sans goût font le désespoir des bons ouvrages.

CXXII.
Goût peu sûr.

Alexandre fesoit un cas infini des ouvrages d'Homere, mais il récompensoit

pensoit magnifiquement Chérile. * Je doute fort, si Homere eût vécu de son tems, pauvre, sans apui, & n'ayant point encore de réputation, qu'il lui eût fait l'honeur de le préférer à ce même Chérile prôné par quelque cabale; à ce Chérile qu'Horace un si bon juge ne pouvoit même admirer sans rire.**

CXXIII.
Effort dificile.

Qu'avec toute la capacité requise pour juger du mérite, nous avons de peine à nous imaginer, que cet home sans éclat, à qui nous fesons pourtant la grace de l'estimer, soit véritablement un grand home; un home sûr de l'immortalité, &

capa-

---

* Gratus Alexandro regi magno fuit ille
Chœrilus, incultis qui versibus & malè natis
Rettulit acceptos, regale numisma, Philippos.
Hor. Ep. I. L. 2.

** Quem bis terve bonum cum risu miror.
Art. poet.

capable de nous y conduire nous-mêmes, si nous nous rangeons à sa suite ! Avec ces dispositions, eussions-nous prévu ce que sont Homere, Ciceron, Descartes, si nous avions vécu de leur tems, & que nous les eussions conus à l'entrée de leur cariere ? Ne les eussions-nous pas même trouvés ridicules d'aspirer à se distinguer d'une certaine façon ; de vouloir être un peu plus, que ce que nous les aurions évalués par le tarif de notre estime ?

CXXIV.

Le rossignol.

Le rossignol se vante d'être né ce qu'il est, & il a raison. Aucun art ne rendra tel, ni le pân, ni l'âne, non plus que l'huitre à l'écaille. Mais s'il croit jouir en cela d'un privilege qui lui soit propre, il se trompe. C'est le cas de tous les animaux.

CXXV.

CXXV.
Bizarrerie des poëtes.

Les poëtes font plaifans. Ils ont chargé leur difcours d'une quantité prodigieufe de regles, qui mettent la faculté de s'exprimer dans des entraves continuelles. C'eft ce qu'ils apellent *loix de la verfification*, dont ils fe font grand fcrupule de s'écarter le moins du monde. Rime, hémiftiche, mefure, tout cela eft invariablement obfervé. Mais en même tems ils fe font doné je ne fai combien de licences, foit à l'égard des tours de phrafes, foit à l'égard des penfées, qu'ils ne fe piquent pas toujours de choifir avec la derniere juftefle. Ils ont là deffus des privileges fort étendus, dont ils font fi bien en poffeffion, que fi quelqu'un, plus touché d'une régularité logique, que de celle des vers, s'avife d'y trouver à redire, on le traite auffitôt d'home fans goût, d'efprit peu façoné

façoné par la belle littérature. C'eſt un défaut qu'on reproche ſurtout aux géometres. Malheur à quiconque, ſachant quelques livres d'Euclide, oſe déaprouver un tour, ou une expreſſion un peu acréditée chez les poëtes. On ne manque pas de lui objecter ſa géométrie. On s'écrie qu'on ne doit point chicaner de la ſorte; qu'on ne meſure point les penſées à la toiſe, ni avec la regle & le compas. Cela n'eſt-il pas ridicule? Nos verſificateurs, par exemple, ne ſe permettront jamais de faire rimer *domisois* avec *admirois*, eux qui font rimer *maux* avec *repos*, *Mars* avec *bazards*, &c, & qui nous fatiguent les oreilles du retour infaillible de *princes* avec *provinces*. Ils auront pour l'obſervation de leurs regles & de leurs uſages une exactitude ſuperſtitieuſe. Ce ſera le bel air. Au lieu que c'eſt n'avoir, ni goût, ni délicateſſe, d'exiger pour les loix du bon ſens & de

la

la raison le même respect, que pour des loix de pur caprice. Il est presque inouï qu'un poëte ait sacrifié la rime ou l'hémistiche à la régularité de la pensée ; & nos meilleurs poëtes fourmillent d'endroits où la régularité de la pensée est sacrifiée à celle du vers.

CXXVI.
Bons vers & bones définitions.

Il faut sans doute moins d'entousiasme pour faire de bones définitions, que pour faire de bons vers ; mais il n'y faut peut-être pas moins ronger ses ongles. Il y faut autant de choix dans les expressions, autant effacer de mots, autant retourner ses phrases. Il faut plus d'esprit & d'imagination pour l'un, plus de savoir & de jugement pour l'autre.

CXXVII.
Principes de jugemens.

Le fat & l'home d'esprit ont ceci de comun dans les jugemens qu'ils portent

des

des ouvrages, que l'un & l'autre désaprouve beaucoup de chofes & en loue peu. Mais le premier en agit de la forte avec une fatisfaction fenfible, parce qu'il n'ignore pas que c'eft la marque de l'home d'efprit. Au lieu que celui-ci qui n'ignore pas non plus que c'eft de la routine du fat, confent avec bien du regret à avoir avec lui cette reffemblance, & ne fe laiffe vaincre qu'à la nature des chofes, qui font vraiment telles, *qu'il y en a beaucoup de mauvaifes & très peu de bones.*

CXXVIII.
Biblioteques.

Boutiques d'apoticaires; beaucoup de poifons & peu de remedes.

CXXIX.
Choix des maîtres.

Quand il s'agira d'éloquence, de poéfie, de goût, vous ne pourez choifir de maîtres trop diftingués en chaque genre.

Ils

Ils expliqueront les choses les plus comunes d'une façon très supérieure. Il n'en est pas de même en mathématiques. Le plus habile géometre ne sait pas mieux qu'un médiocre que les trois angles d'un triangle sont égaux à deux droits, & souvent il le démontre beaucoup plus mal. Tout lui paroît de la derniere clarté, lorsque tout n'est que ténebres pour son éleve. Il n'y aura qu'à gagner à faire enseigner l'éloquence par un Bossuet, la poësie par un Racine, le goût (si le goût s'enseigne) par un Chaulieu. Il n'y aura qu'à perdre à faire enseigner les élémens d'Euclide par un Neuton.

CXXX.
Les contraires.

Qu'y a-t-il au monde de plus crédule ? L'ignorance. Mais qu'y a-t-il de plus incrédule ? L'ignorance encore.

Les

Les ignorans n'ont l'esprit, ni de croire, ni de ne pas croire. Ils ont une merveilleuse facilité pour croire ce qu'il y a de plus faux, & pour ne pas croire ce qu'il y a de plus vrai.

CXXXI.
Ignorance des érudits.

A voir les ouvrages de certains savans remplis d'une prodigieuse multitude de faits, de citations, d'allusions, d'autorités, on croiroit que pour avoir pu y fournir, il faut qu'ils en sachent infiniment davantage, & que pour le moins ils ayent la sience universelle. Je ne me suis désabusé que par la vue de quelques savans de cette espece, que j'ai surpris vingt fois ignorant non seulement ces autorités & ces citations dont ils avoient rempli leurs livres, mais ce qu'ils y disoient eux-mêmes, leurs propres raisonemens, leurs opinions.

CXXXII.

CXXXII.
Sur le livre intitulé.
CHEF D'OEUVRE D'UN INCONU.

L'imitation, surtout quand elle est exacte & ingénieuse, a coutume de plaire, & de rendre charmans les objets même les plus hideux. Une belle peinture d'un monstre fait plaisir à voir. Il faut que la pédantesque érudition soit de sa nature bien dégoutante, puisqu'une imitation aussi fine & aussi spirituelle que celle-ci, ne me cause gueres moins d'ennui que la réalité même. Je baille, je sue; & j'avoue que le livre me tombe des mains à tout moment.

Là dessus je me fais cette singuliere question. Des peintres ont été extrémement flatés des erreurs où leur pinceau a fait tomber des animaux, & même d'autres peintres leurs rivaux; témoignage qu'ils avoient parfaitement atrapé la nature. L'auteur seroit-il content de l'effet

fet le plus naturel du monde que son ouvrage produit sur moi. Il est dans l'ordre qu'une fidele imitation d'une chose ennuyeuse ennuie.

CXXXIII.
L'once & le quintal.

Une chétive once de bon esprit vaut mieux qu'un quintal d'érudition. Il est un art de se servir de son esprit & du savoir des autres; mais il n'en est point de mettre son savoir en œuvre, quand on n'a que le savoir seul.

CXXXIV.
L'étoile du fat.

Quand l'étoile d'un home est d'être fat, il ne s'en sauve point, & si son étoile est de croître en fatuité, il croîtra : tout lui en servira d'ocasion. Tel eût été fat s'il eût pris le parti de l'épée, qui l'est encore plus pour avoir pris celui de la robe. Tel eût été fat s'il n'eût fréquenté que des persones de son caractere, qui l'est l'eſt encore plus pour en avoir fréquenté de raiſonables. Tel eût été fat s'il n'eût de ſa vie regardé un livre, qui l'eſt encore plus pour s'être rendu un puids de ſience & d'érudition. Ce n'eſt point de lui qu'il a été dit ;

Tel eſt devenu fat à force de lecture,
Qui n'eût été que ſot en ſuivant la nature.

CXXXV.
Préſomtueux ſingulier.

Quelque tranchant & quelque déciſif que ſoit Cléodas, il eſt encore plus incapable d'entendre raiſon, par manque d'intelligence, que par manque de docilité. Malgré ſon exceſſive préſomption, il ſe corigera moins dificilement encore, ſur votre autorité, que ſur la force de vos motifs. Lia-t-il jamais deux idées enſemble ? Il ſe peut, par façon, qu'il vous écoute, & même qu'il ſe conforme à votre avis ; mais il ne ſe peut pas qu'il vous ſaiſiſſe.

CXXXVI.

CXXXVI.
Midas.

Que c'eſt domage que Midas n'ait été home d'eſprit? Ce feroit l'image de ces écrivains admirables qui changent en or tout ce qui leur paſſe par les mains, d'un Fontenelle, d'un Maupertuis. Mais on n'oublie point la vangeance du Dieu des vers. Il n'eſt bon qu'à ſignifier ces Mécenes ſans goût & ſans diſcernement, qui déshonorent les lettres beaucoup plus qu'ils ne les protegent.

CXXXVII.
Aux imitateurs.

J'ai fait une bone choſe, & une autre qui ne l'eſt pas moins. * J'ai loué Fontenelle, & ne l'ai point imité.

CXXXVIII.
Mrs. de Port-royal.

On a remarqué que c'étoient d'étranges gens

* Voyez le diſcours qui eſt à la tête de *l'Eſprit de Fontenelle.*

gens avec tout leur mérite, que ces Messieurs de Port-royal pour citer à tort & à travers leur S. Augustin. J'en ai trouvé un exemple fort plaisant. Dans une préface de leur gramaire latine ils le citent pour prouver que Virgile parloit bien latin. Ainsi la chose est décidée, puisque ce bon Pere, qui lui-même le parloit fort mal, a dit que c'étoit *Egregius locutor*. Il n'y a plus de Messieurs de Port-royal: mais combien de gens, qui se font une marote d'un auteur, pouroient mettre à profit ce ridicule, s'ils vouloient, & pourtant n'en profiteront point?

CXXXIX.
Talens naissans.

On doit respecter dans un jeune-home, quoiqu'ignoré, les talens qu'on y remarque; & on le doit d'autant plus, lorsqu'on y demêle quelque chose de frapant. Jusqu'où pouront-ils un jour se déveloper?

per? En leur manquant d'égards, qui fait fi ce n'eſt pas inſulter un grand home à venir, pour qui l'on auroit une parfaite vénération, ſi on le conoiſſoit vingt ans plus tard?

CXL.
Remede à l'envie.

Il y a un proverbe eſpagnol auquel je trouve beaucoup de ſens & de nobleſſe. Le voici. ,,Fais bien, tu auras des en-,,vieux. Fais mieux, tu les confon-,,dras.,,

CXLI.
Azile.

Se faire un rempart de tout le peu de mérite qu'on peut avoir en ſe hâtant de le produire, eſt une foible défenſe contre ces eſprits inquiets, à qui tout ce qui ſe diſtingue eſt capable de faire ombrage. C'eſt redoubler leur haine, & tout au plus ſe préparer un azile dans la faveur du public.

CXLII.

CXLII.
Les charges avec les biens.

Un home qui fait tant que de croire que ses productions valent la peine d'être publiées, est bien peu digne d'aucun succès, s'il ne sait pas ce qui l'atend en cas qu'effectivement il en soit digne; s'il ne prévoit pas en gros les censures déraisonables, les interprétations odieuses, les imputations iniques, les railleries impertinentes, les éloges souvent pires encore, & les bévues de toute espece qu'il est dans l'ordre qu'ocasione un bon ouvrage; s'il s'imagine qu'il n'est question que de recueillir des aplaudissemens, & les aplaudissemens les plus flateurs. C'est vouloir jouir du plein air, & n'être incomodé, ni par les insectes, ni par la pluie, ni par le vent.

CXLIII.
Tourmens.

Qu'est-ce que les petits chagrins que l'envie

l'envie cause au mérite, en comparaison des afreux tourmens que le mérite cause à l'envie ?

CXLIV.
Supériorité.

Ni le soleil ne s'ofense des croassemens de la grenouille; ni le juge des invectives du criminel, dont sa vue comence le suplice : ni le vrai mérite des outrages de la jalousie.

CXLV.
Ressort de l'ame.

Un home capable de produire de bones choses, & après les bones de meilleures, un home d'un mérite vrai & solide, qui a une fois remarqué combien les critiques même injustes, les coups de satire, les railleries, les tracasseries, bien loin de lui abatre le courage, roidissent son ame, & la font s'élancer au dessus d'elle-même, est bien éloigné de souhaiter aux fruits de ses veilles un autre

tre acueil. Si c'eſt pour la vérité qu'il écrit, ce n'eſt ni pour ſon ſiecle, ni pour lui-même. L'aprobation la plus éclatante ne le flate pas autant que des contradictions utiles.

CXLVI.
Eloges.

Supoſons qu'un home n'en ait que mieux penſé, pour avoir penſé vingt ans dans l'obſcurité d'un état médiocre, & que cet home propoſe quelques vérités nouvelles, ou ce qui eſt bien plus facile, qu'il démasque nombre d'erreurs acréditées, que dira-t-on de lui? ,,C'eſt un ,,eſprit inquiet, turbulent, qui ne ſauroit ,,laiſſer les choſes come elles ſont; & ce-,,pendant cela n'a ni faveur ni mérite.,, Et s'il avoit du crédit, que diroit-on, au moins tout haut? ,,C'eſt un grand ,,home, un génie ſupérieur, une lumie-,,re du ſiecle.,, Je vous entens, ô Détracteurs;

tracteurs; mais je sais rabatre de vos éloges.

CXLVII.
Chacun son but.

Je n'envie point à Bavius les rétributions des Sosies. Pourquoi m'envie-t-il les aplaudissemens des gens de goût?

Le partage fait par Horace;

> Hic *meret æra liber Sosiis*, hic & mare transit,
> Et longum noto *scriptori prorogat ævum.*

C'est, après le bonheur d'être utile, l'unique objet permis à qui pense avec noblesse.

CXLVIII.
Rafinement d'envie.

Tu me méprises, Damasipe; & tu trouves mauvais que je le publie. M'envies-tu jusqu'à l'honeur qui peut me revenir de tes dédains?

CXLIX.

CXLIX.
Source de vanité.

Quand on voit quels sont le plus souvent ceux que les homes admirent, & ce qui fait qu'on les admire, coment n'auroit-on pas de la vanité?

CL.
Dispute & conversation.

Voulez-vous éclaircir quelque dificulté par le secours & par les lumieres d'autrui? Conversez, mais ne disputez jamais. La conversation a quelquefois fait découvrir des vérités, ou trouver des solutions à des dificultés importantes. La dispute n'a produit de tout tems que la confusion, l'opiniatreté, la haine. Que ne se met-on bien dans l'esprit que l'aigreur n'est bone à rien; que les railleries & les invectives ne sont rien moins que des raisons.

CLI.
Sistèmes.

Condaner les sistèmes, c'est vouloir que le philosophe ne s'aplique ni à la conoissance des vérités, ni à la recherche des liaisons qu'elles ont entr'elles. Car un sistème n'est que cela. Mais qui doute qu'il n'y ait de faux sistèmes?

CLII.
Du paralele & du contraste des vérités.

C'est l'un des plus grands points de la métode; & cependant il n'y en a gueres de plus négligés. Persone ne s'aplique à raprocher les vérités les unes des autres, & à les comparer par tous leurs diférens raports de ressemblance & de dissemblance. Rien de plus propre à en tirer tout l'effet qu'on peut atendre.

CLIII.
Raisons & opinions.

Je suis bien moins ennemi des fausses opinions, que des mauvaises raisons par lesquelles on les combat, ou qu'on emploie à soutenir la vérité.

CLIV.
Raisons & motifs.

De même qu'il n'y a point d'action louable en soi indépendament des motifs; il n'y a point non plus de vérité dont la conoissance soit un mérite à celui qui la possede, indépendament des raisons, & des bones raisons. Qu'on y pense bien.

CLV.
Union des siences.

Toutes les siences sont unies; du moins celles qui sont véritablement siences, & qui ne consiste pas dans un simple exercice de la mémoire. Envain l'on entreprend de les désunir, ou d'établir entr'elles un certain ordre de succession: il n'est pas possible d'en venir à bout. Comencerez-vous par la logique? la métaphisique y est nécessaire; & que faire dans la métaphisique sans le secours de la logique? Coment se passer dans l'une & l'autre de ces siences du secours des mathématiques? Mais dans les mathématiques elles-mêmes quel véritable progrès l'esprit y peut-il faire, s'il n'a déjà quelque teinture de logique & de métaphisique? Et sans logique & sans métaphisique coment doner des idées justes des premiers principes de la gramaire? Coment expliquer l'usage des mots, un *nom*, un *verbe*, &c? Faut-il entamer l'étude des siences sans conoissance de la langue? Aura-t-on conoissance de la langue sans étude de la gramaire? Ce n'est pas en peu de lignes que je puis expliquer la maniere dont je crois qu'on peut se tirer de cet embaras. CLVI.

CLVI.
Etude de la langue.

Une parfaite conoissance de la langue est nécessaire à ceux qui composent des ouvrages dogmatiques, ne fût-ce que sur les premiers élémens des siences; non pas à la vérité la conoissance des tours les plus recherchés, mais celle des expressions les plus propres & les plus nettes. Il n'y a pas jusqu'aux loix de la ponctuation à quoi un auteur ne doive se rendre extrèmement atentif, & ces loix demandent plus de finesse qu'on ne pense dans l'exécution. Mais où en est-on, si le lecteur n'a lui-même de son côté cette conoissance exacte? Si de part & d'autre on ne conoît également bien le signalement propre de chaque idée, coment s'entendra-t-on? De quoi sert le choix que j'ai aporté dans l'usage des termes, dans leur arangement, & jusques dans la disposition des points & des virgules, avec l'atention la plus scrupuleuse pour ne point trop séparer certaines choses, pour n'en point lier d'autres, si c'est un art qui ne puisse être senti de ceux pour qui je l'emploie? Il n'en est pas de même de l'éloquence. Pour qu'une harangue fasse son effet qui est de persuader, il n'est pas nécessaire que l'auditeur en sente tout l'art; au contraire cela nuiroit. Mais pour qu'une dissertation fasse le sien qui est d'instruire, il seroit à souhaiter que le lecteur saisît, aussi bien que l'auteur même, tout ce que l'art du discours y contribue à l'expression des choses. Doit-on s'étoner que les meilleurs ouvrages fassent si peu d'effet sur la plûpart des gens? L'étude de la langue devroit donc être la premiere & la plus suivie de toutes les études, pour que lecteurs & auteurs, tout fût également instruit. Il faudroit aussi que la langue elle-même fût plus parfaite. C'est bien une autre dificulté. CLVII.

CLVII.
Abus de certaines décisions sur la langue.

Perfectioner une langue, n'est pas décider, que tel mot n'est plus d'usage; que celui-ci est sur le déclin; que celui-là comence à se produire, & peut se risquer; & que cette foule d'autres est sans contredit de bon aloi. Pourquoi, s'il vous plaît, ne me seroit-il pas permis de me servir de ce mot, parce qu'il a vieilli? Qu'avons-nous afaire de décision? Il vieillit; soit. Servons-nous-en, il rajeunira. D'ailleurs s'il faut une décision, c'est donc une marque que ce mot n'est pas encore si universellement décrédité. Eh! soutenons-le sur le penchant où nous le trouvons. Pourquoi hâter sa chute? Cela est bien mal entendu. Un home propre à perfectioner une langue, n'est pas un discoureur qui dit de belles phrases, & se sert de mots du bel ufage. C'eft un philofophe, home de goût, capable de déterminer quels mots devroient être en ufage, & quels il faudroit abandoner.

CLVIII.
Les purifles.

Ce ne font point ceux qui écrivent le mieux. Un auteur qui fe fent du génie, & qui a en main une matiere intéreffante, doit s'embaraffer peu de paffer pour purifte. Ce n'eft point à celui-là, à fe régler fi fort fur l'ufage, dont les exemples pouront bien régler l'ufage. De là l'enrichiffement de la langue, & tant de beautés qu'on doit aux écrivains du premier ordre. Mais il faut avouer que le tems des heureufes hardieffes femble paffé. On fe perfuade trop que la langue a fa perfection. On ne peut gueres innover déformais fans une extrême témérité.

CLIX.

CLIX.

Mots ſinonimes.

Quoiqu'il n'y ait point, dit-on, de mots véritablement ſinonimes, il eſt cependant ſûr qu'il y en a beaucoup qu'on peut mettre indiféremment les uns pour les autres, parcequ'ils expriment la même idée à-peu-près. Ce ſont come pluſieurs médailles d'un même prince, ou pluſieurs portraits d'une même perſone ſous des atitudes un peu variées. Mais j'oſe dire, que je ne vois pas pourquoi il n'y auroit pas de mots véritablement ſinonimes, come on le prétend. Il y a bien moins d'inconvénient à exprimer une même idée par diférens mots, qu'à en deſigner de toutes diférentes par un même ; ce qui ſe rencontre dans toutes les langues. Pourquoi vouloir que les homes qui ont fait la plus grande faute, n'ayent pu faire auſſi la moindre ? Quelle néceſſité de s'alembiquer l'eſprit,

pour

pour trouver, dans la signification de certains mots, des diférences, qu'il est fort douteux qu'on ait eu dessein d'y mettre ?

CLX.
Superfluités de l'ortographe.

Si j'avois été du tems qu'on écrivoit encore *une debte, la cholere, adjousté,* &c.! je n'aurois pas été des premiers à raprocher mon ortographe de la prononciation ; mais j'aurois été très fâché d'être des derniers. Je crois que la supresfion de quelques *h*, des *y*, & des doubles lettres inutiles, qui comence à s'introduire, est avantageuse. Je crois qu'il est bon que l'ortographe marque la diférence de prononciation, par exemple, de *gramaire*, & de *grammatical*, d'*innover* & d'*inocence*. J'ai le courage de m'y conformer, mais je n'eusse point eu la hardiesse de le proposer. Je voudrois que l'home le plus en droit de doner des loix à notre langue, eût adopté cette
singula-

singularité, plûtôt que celle d'*étais* & d'*était*. J'avois comencé il y a quinze ou seize ans à suivre son exemple : mais je fis réflexion bientôt après, que dans le fond l'union des voyelles *a i* ne représente pas plus le son dont il s'agit, que l'union des voyelles *o i*. C'est le son de notre *è* ouvert, ou un peu ouvert, qu'il faut ici ; *étois* come *succès*, *étoit* come *sujet*. Bizarerie pour bizarerie, je m'en suis tenu à ce qui est l'usage. Au reste j'ai su de divers endroits que la petite singularité de mon ortographe fesoit un tort considérable à mes ouvrages, qui ont été rejettés sur l'étiquette pour cela seul, come venant d'un auteur très ignorant dans sa langue. On me jugeoit, il y a dix à douze ans, plus favorablement dans Paris. J'avoue que j'ai été sensible à ce travers. Mais j'ai reconu en cette ocasion, que dans le petit come dans le grand, l'amour de ce que je crois

le bien

le bien est mon premier motif. J'aurois eu honte de moi-même, de consentir à changer, pour quelque intérêt que ce soit, ce que je crois juste & sufisament autorisé. Coment n'aurois-je pas honte de me conformer, & pour le goût à ce que je crois frivole, & pour les opinions à ce que je crois faux ?

CLXI.

Superstitions grammaticales.

Ce seroit une étrange superstition dans les siecles futurs, & dès à présent dans le nôtre, si l'on poussoit le respect pour les excellens auteurs du siecle de Louis quatorze, jusqu'à croire essentielle à la pureté de la langue leur ortographe, chargée de lettres inutiles, ou contraires à la prononciation ; come c'est une superstition très ridicule de conserver les *omneis* & les *omnis*, au lieu d'*omnes*, dans quelques auteurs du siecle d'Auguste.

CLXII.

CLXII.
Joie & douleur.

On raconte du célebre Stône, si je ne me trompe, pauvre vilageois devenu presque sans secours l'un des plus grands géometres de l'Angleterre, qu'ayant découvert quantité de vérités de mathématiques, avant qu'il sût qu'il y avoit une mathématique au monde, il dit avec une joie naïve, quand il aprit qu'on savoit tout cela depuis lontems: *Je suis bien aise que les homes soient plus avancés que je ne pensois.* Aurai-je bien le front d'avouer, qu'en des ocasions presque semblables je n'ai rien moins qu'éprouvé une pareille joie? Dès l'âge de dix-sept à dix-huit ans la lecture de Descartes m'avoit conduit à des principes de métaphisique très diférens des siens. Mes yeux s'étoient ouverts sur une infinité de choses dont je ne doutai point que la découverte ne m'apartînt, puisque je n'en trou-

trouvois aucunes traces dans Descartes même, & dans cinq ou six philosophes que je lisois. Il me sembloit qu'il n'y avoit qu'à presenter aux homes des vérités si lumineuses: par exemple; „Qu'il „est aussi essentiel à la suprème sagesse „de ne prendre que le meilleur parti, „qu'il est essentiel au triangle d'avoir „trois angles; Qu'il n'y a point de com- „posé qui ne supose le simple, & que „par conséquent il y a des simples, & „que tout ce qui est substance est sim- „ple; Qu'une matiere homogene est l'i- „dée du monde la plus chimérique, n'é- „tant pas possible qu'il existe deux êtres, „dont chacun n'ait quelque chose, à lui „propre, par quoi il est tel être & non „un autre; &c." Quel fut mon dépit, quand je vis que ces vérités & quantité d'autres n'étoient point neuves; que de très grands homes les avoient soutenues, mais, hélas! presque sans succès? Ma-
lebran-

lebranche, & vous grand Leibnitz, que vous me donâtes de pareils chagrins! Quoi? ce n'est point par ignorance & par inatention que péchent les homes! C'est par pure opiniatreté; par une sote atache à leurs préjugés pitoyables: peu s'en faut que ce ne soit incapacité d'entendre raison. *Ah! qu'ils sont bien moins avancés que je ne pensois!* Je ne sai si ma douleur difere beaucoup de la joie de Stône.

CLXIII.
Maniere d'exposer aux homes la verité.

„ Ce n'est point avec hauteur qu'on
„ doit traiter les homes pour les ramener
„ à la conoissance de la vérité non plus
„ qu'à la pratique des vertus, quand ils
„ s'en écartent. Les réprimandes trop
„ dures ne font que rendre la vertu
„ odieuse; elles aigrissent le cœur. L'es-
„ prit ne s'effarouche gueres moins, lors-
„ qu'il

,, qu'il s'aperçoit trop manifeſtement
,, qu'on en veut à ſes opinions. Il n'a
,, pas moins d'atache pour les plus fauſ-
,, ſes que le cœur pour ſes habitudes vi-
,, cieuſes. Il s'arme auſſitôt pour leur
,, défenſe, & ne vous atendez pas qu'il
,, poſe les armes, quand une fois il les a
,, priſes. Il faut éviter ſur toutes choſes
,, de le provoquer au combat. Vous le
,, confondriez alors par la force des rai-
,, ſons, plûtôt que vous ne le reduiriez:
,, il pouroit ſentir vos coups, mais il ne
,, l'avoura jamais.

,, Si donc vous voulez faire gouter aux
,, homes une vérité contraire à leurs ſen-
,, timens, évitez de leur laiſſer aperce-
,, voir que vous les croyez dans l'erreur.
,, Paroiſſez douter. Ne propoſez cette vé-
,, rité que come une queſtion problémati-
,, que, dont vous leur remettez l'examen
,, par la défiance que vous avez de vos lu-
,, mieres. En ſemblant ne parler que de
,, vous,

„ vous, faites leur sentir avec adresse,
„ que souvent ce qu'on avoit cru, le plus
„ fermement, devoir être tel qu'on se
„ l'étoit imaginé, vient à se trouver faux,
„ dès qu'on y fait une sérieuse réflexion.
„ Tel est la condition & la foiblesse de
„ l'esprit humain, & c'est moins l'erreur
„ qui est honteuse que l'opiniatreté. Gar-
„ dez-vous de présenter vos raisons d'u-
„ ne façon trop seche. Quelque convain-
„ cantes & quelque démonstratives qu'el-
„ les soient, ne vous avisez point de con-
„ clure d'une maniere triomphante; ce
„ seroit tout gâter. Enfin que le ton de
„ votre discours sente plûtôt la discussion
„ que la controverse. Evitez même de
„ prononcer le nom de démonstrations.
„ Si vous en avez, ne les donez jamais
„ pour telles; & que ceux à qui vous
„ avez afaire, semblent plûtôt les avoir
„ trouvées d'eux-mêmes en les qualifiant
„ telles, que les tenir de votre pénétra-
„ tion.

„tion. C'eſt le moyen que la vérité leur
„paroiſſe aimable. Elle ne peut leur
„plaire, dèsqu'elle révolte leur amour-
„propre.

„Imitez donc Socrate, *ce grand acou-*
„*cheur de l'eſprit humain;* come il avoit
„coutume de ſe nomer lui-même.* Il
„ſembloit toujours tirer la vérité de l'eſ-
„prit de ceux qu'il inſtruiſoit. Ils lui
„en avoient obligation, diſent tous ſes
„panegiriſtes, non come de nouvelles
„richeſſes qu'il leur eût procurées, mais
„come d'une partie de leur fonds à la-
„quelle il leur feſoit faire atention. On
„étoit

* Sophroniſque pere de Socrate étoit ſtatuaire, ſa mere Panagerete étoit ſage-
femme : il tranſporta dans la morale les
profeſſions que ſes parens avoient exer-
cées ; vrai ſtatuaire des eſprits qu'il formoit, & leur ſage-femme par l'art dont
il ſe piquoit de les faire acoucher de la
vérité.

„ étoit étoné de se trouver plus riche
„ avec lui qu'on ne pensoit : & on ne l'en
„ aimoit que plus ; car l'on aime ceux
„ avec qui l'on a lieu de s'estimer. Tâ-
„ chez de vous rendre cette métode fa-
„ miliere, pour l'intérêt de la vérité &
„ pour le vôtre. „

Ce sont les belles résolutions que je prenois vers l'âge de vingt ans. Je n'ai jamais retrouvé ce morceau dans mes papiers, sans me demander si j'avois bien pu me flater de les mettre en exécution. Il faut avouer qu'il n'y a pas de mortel qui y fût moins propre que moi, avec ce caractere ardent, aussi essentiel à l'activité de mon esprit que l'agitation l'est à celle du feu. Disons aussi que les sotises, & l'opiniatreté des homes dans leurs sotises mille fois relevées, sont bien autres que je ne croyois alors. Hélas! pauvre jeune-home! je m'imaginois bonement qu'il ne faloit que leur faire faire atention à telles ou telles vérités, & qu'ils les recevroient à belles baisemains. Je concevois qu'on pouvoit être séduit par l'éducation, come je l'avois été; mais la facilité avec laquelle l'erreur avoit fait place à la vérité, dès que celle-ci avoit paru, m'étoit un garant des dispositions des homes à cet égard. Ah bon Dieu! N'avons-nous pas eu des Socrates? Ne s'y est-on pas pris de toutes les manieres? Je ne sai si les homes de notre tems sont plus dificiles à acoucher que ceux d'autrefois; mais je crois que la patience du fils de Panagerete aujourd'hui n'y tiendroit point. C'est par des incisions douloureuses, qu'il faut aracher du sein des homes des vérités, qu'il n'est presque plus possible de ramener à une vie qui va s'éteindre.

CLXIV.
Le corps & l'ame,

Le mathématicien sans métaphisique

est

est quelque chose d'aprochant d'un corps sans ame. Le métaphisicien sans mathématiques est dans la classe des esprits qui faute de corps ne peuvent manifester leurs opérations. Les vérités mathématiques grossieres de leur nature, plus grossieres qu'on ne pense, servent au pied de la lettre à doner du corps aux vérités métaphisiques * trop volatiles en quelque sorte sans ce secours : mais il ne faut pas que le corps absorbe l'esprit.

CLXV.
Démonstrations d'algebre.

Ce qui étone quand on arive au bout d'une démonstration d'algebre, & ce qui est en effet fort étonant, c'est de voir une vérité sortir d'une suite très longue d'opérations dont on ne sauroit gueres prévoir le résultat. L'esprit marche

---

* On en verra la preuve dans mon *Essai de théologie mathématique*.

en aveugle & va son chemin, sans savoir s'il est encore fort loin du but, ou s'il aproche. Seulement il sait qu'il marche. Le but se montre enfin tout à coup : mais l'instant qui précede cette lumiere subite, est souvent aussi ténébreux que la route entiere.

CLXVI.
Aigle & géometre.

L'esprit ne conoît de vérités en elles-mêmes que celles qu'il conoît par l'évidence. Que le géometre est éloigné de saisir de la sorte celles que son calcul lui démontre ! Rabatons beaucoup du mérite de ces sortes de conoissances. Mais surtout rabatons encore plus de l'estime qu'on a coutume de faire des forces par lesquelles on y parvient. Que l'œil, qui ne peut bien apercevoir l'image du soleil que par l'interposition d'un verre noirci de fumée, n'insulte point à l'aigle dont le regard contemple l'astre en lui-même,

me, & soutient toute la vivacité de ses feux.

CLXVII.
Utilités.

Come on a dit que les comentateurs étoient les portefaix de la littérature, on peut dire à bien plus forte raison que les calculateurs & algébristes le font de la philosophie. Ils tiennent dans les fiences le même rang que ces homes à larges épaules tiennent dans la société. Ceux-ci n'ont gueres de l'humanité que la figure ; ceux-là de la philosophie que le nom.

* Ces pensées, & quelques autres, sur les mathématiciens, géometres & algébristes, sont dans mes papiers depuis plus de dix-huit ans; & je n'ai point changé d'avis.

CLXVIII.
Vrai génie.

Il y a telle erreur en métaphifique, &

de ce nombre font la plûpart de celles de Leibnitz, il y a, dis-je, telle erreur en métaphifique qui fupofe plus de vrai génie dans le philofophe qui y tombe, que toutes les vérités mathématiques imaginables n'en fupofent dans le géometre qui les découvre.

CLXIX.
Hiftoire & métaphifique.

Quelque incertains que foient encore les détails de la métaphifique, fience que presque tout le monde méprife, parce que presque tout le monde eft peuple, le font-ils plus que les détails de l'hiftoire, fience que presque tout le monde eftime, parce qu'on peut être peuple & l'eftimer, & que l'on s'y fie à proportion que l'on eft peuple? Mais il y a cette diférence, que ce qui eft incertain ou ignoré en hiftoire le fera toujours, au lieu que ce qui eft incertain ou ignoré en métaphifique poura ne l'être pas toujours.

jours. Une question de métaphisique des plus controversées, c'est celle du plein & du vuide. Je crois pourtant qu'il est moins dificile de s'y décider ; que de savoir, par exemple, si Annibal eût tort ou raison de ne point marcher droit à Rome après la bataille de Cannes, ou si tout le récit de cette guerre est bien fidele, & s'il péche, en quoi il péche.

CLXX.
Toute la philosophie.

La métaphisique pour l'esprit ou l'entendement, la morale pour le cœur ; & plus ou moins de conoissance des homes, je dis des homes de son siecle, selon qu'on a dessein de vivre avec eux.... Que penser donc de ces prétendus philosophes, qui sans métaphisique dans l'esprit, come on le voit autant à leur maniere de raisoner qu'à leurs dédains, ont encore moins de morale dans le cœur; ce que leur conduite ne prouve que trop?

CLXXI.
Le beau & le plus beau.

Après savoir bien comander, je ne conois rien de plus beau que de savoir bien obéir. L'un & l'autre demande l'exercice de toutes les vertus, mais le premier dans un dégré plus éminent.

CLXXII.
Objet de pitié.

Voyez ce pauvre imbécile dont cinq ou six coquins se sont emparés. Ils le portent sur leurs épaules, & le menent, où il leur plaît : ils l'ont chargé d'une robe pésante, toute souillée des ordures dont ils lui barbouillent le visage : ils ont afublé sa tête d'une courone qui lui couvrent les yeux & les oreilles. En ce burlesque équipage ils le promenent par toute une ville, aux aclamations de la populace & d'une multitude d'enfans qui
les

les suivent. Remarquez à sa fiere contenance la satisfaction qu'il goute. Il croit qu'il est leur maître; il s'imagine que c'est lui qui les gouverne. On lui crie, votre grandeur! votre majesté! il répete, ma grandeur! ma majesté! Princes, voilà votre image, lorsque vous flatant d'être les arbitres du monde, vous êtes réduits, infortunés que vous êtes, à n'entendre que ce qu'il plaît à tels & tels de vous laisser entendre, & à ne prononcer que ce qu'il leur plaît que vous prononciez. Ce brillant soleil, lumiere & vie de l'univers, n'est qu'une foible image d'un Roi,

> Qui seul, sans ministre, à l'exemple des Dieux,
> Soutient tout par soi-même, & voit tout par ses yeux.

CLXXIII.

La plus redoutable des conditions.

Mortels, pour qui la lumiere du plein midi

midi n'est lumiere qu'autant qu'il convient à ceux qui vous environent de vous la laisser entrevoir, aprofondissez l'abîme de votre misere. On vous enleve des royaumes, on épouse publiquement vos femmes, & vous êtes les derniers à le savoir. Vous n'êtes pas tous, il est vrai, des Philippe IV. & des Claude. Mais aussi des royaumes enlevés, des impératrices épousées publiquement par un particulier, sont des objets bien sensibles. Il a été, & il est, des Titus qui n'ont perdu *qu'un jour*, ou qui même n'en ont point perdu. * Fut-il un monarque, juste, équitable, qui n'ait gémi *plus d'une fois*, de ne pouvoir, hélas! pénétrer la vérité?

CLXXIV.

* Alphonse roi d'Aragon; & l'on sait à qui s'adresse ce vers,
 Titus perdit un jour, & vous n'en perdez point.

CLXXIV.

Diogene décent.

(Cette penfée a doné le titre à tout l'ouvrage ; mais ce n'eft que par *interim* que je me fuis faifi du pofte dont je parle ici, prêt à le laiffer à plus digne que moi qui voudra le revendiquer.)

O illuftre D'Alembert, gloire de ma nation, philofophe aimable fans être courtifan, ami de la vérité fans humeur & fans chagrin, vous avez fouhaité qu'il s'élevât un Diogene, qui eût autant de liberté dans l'efprit qu'en avoit l'ancien, & autant de décence dans les manieres qu'il avoit d'effronterie & d'impudence. Notre jeune La Beaumelle ne feroit-il pas l'home que vous cherchez ? ou ne le fera-t-il pas, lorfque quelques anées auront mûri cette fageffe bouillante, dont les fucs ne font point encore dans leur juste tempérament? * Que dis-je? Emparez-vous du poste vous-même. Vous avez toute la supériorité qu'il demande. A qui apartient-il mieux d'être Diogene, & Diogene décent, qu'à qui refuse d'être Aristipe? * *.

Au reste je sai qui en aura bien *le courage* sans les avantages dont vous jouissez. Je sai qui peut *savoir être dupe*, come vous dites, *quand il faut l'être*; & qui s'emparera du poste, si ce poste-là-

---

* Peu s'en est falu que je n'aie suprimé cet éloge depuis la lecture de certains libelles. Diogene pour rester dans la décence ne doit point trop doner à la passion, même sous le couteau de l'iniquité. Puissé-je me souvenir toujours de cette leçon!

** Je ne fais point allusion à des bruits qui sont peut-être sans fondement, mais à des faits d'une date plus ancienne, dont beaucoup de persones à Paris ont conoissance.

là-même ne sauroit piquer votre ambition. *

CLXXV.
A. M. de la Beaumelle.

Recevez ici le tribut de louange & de reconoissance que je vous dois. Vous êtes bien jeune, & vous en portez encore le caractere mêlé à celui d'une sagesse prématurée. Quelque peu plus de profondeur & de sens rassis, que les anées vous doneront, je vous tiens au rang de nos grands homes. Je veux aprendre au Public une particularité de la liaison passagere qui a été entre nous, lors de mon arivée à Berlin. Malgré votre antipathie pour les matieres théologiques vous ne fûtes point effrayé d'un livre où il n'est presque question que de Moïse & de Jesus-christ, Vous osâtes le premier

* *Mélange de Litterature &c. Tom. II. pag. 137. & 155.*

mier * lire ce livre, que des perſones religieuſes & graves ne daignoient point ouvrir ; ce livre au ſujet duquel il me fut dit obligeament. ,, Vous avez une ,, eſtime générale, malgré la *Monaga-* ,, *mie* qu'on ne veut point lire. ,, Oh bien ! vous la lûtes, cette Monogamie, & la lûtes avec avidité. Vous en devintes l'apôtre & le panégiriſte. Le feu de vos yeux & la vivacité de votre action étoient des témoignages de l'effet que la lecture avoit produit ſur vous. Des perſones qui ne vous tenoient point pour grave, l'eſſayerent à votre exemple, & ne s'en trouverent point mal. De ſavans théologiens & des juriſconſultes profonds y ont aplaudi depuis. Que ſeroit-ce ſi le grand but de l'ouvrage avoit paru, cette concluſion d'une eſpece inaten-

---

* Un Comédien fut le ſecond ; M. de Roſambert diſtingué par ſa probité & par ſa conduite.

atendue que j'avois promife; neuve, hardie, & quelque chofe de plus qu'importante ? Le Public comence à la défirer : mais je lui déclare que pour me faire juftice de fes dédains, j'ai mis bon ordre à ce qu'il l'atende encore lontems. Je veux que l'ouvrage refte tel qu'il eft : monument de l'acueil que fait notre fiecle, aux productions, dont les auteurs ont plus penfé à mériter d'être conus, qu'à l'être.

CLXXVI.
Anecdotes.

Pour le dire tout net cette fois-ci, ce quatrieme volume de la *Monogamie*, qu'on paroît défirer plus que jamais, eft en cendres, du comencement d'avril 1752, trois femaines après mon arivée à Berlin. Je l'avouai à un Ami vers ce tems-là ; & l'aveu m'échapa dans le dépit du gracieux compliment dont je viens de parler ; mais l'exécution avoit été des plus tranquiles.

quiles. Quelqu'un qu'on n'acufe point de manquer de fens raffis, loin de s'y opofer, fe rendit fans peine aux divers motifs qui m'y porterent. C'eft d'ailleurs le chemin qu'ont pris plus d'une fois mes ouvrages, & que probablement d'autres prendront encore. Le fait n'eft peut-être pas auffi étrange, qu'il l'eft que je n'en aie jamais eu le moindre repentir. Cependant, deux mois de plus que je fuffe refté en Holande, il eft fûr que ce quatrieme volume paroiffoit, & donoit à tout l'ouvrage un grand éclat.

Après les aplaudiffemens qu'il a reçus depuis, dans l'état même où il eft; après l'honeur que lui a fait une illuftre Dame * de le traduire, & le fuccès qu'a eu

fa

* Egalement diftinguée par fa naiffance & par fes talens; Madame DE WINDHEIM, Epoufe d'un célebre Profeffeur d'Erlang,

&

la traduction, j'en puis parler avec un peu de confiance. Ceux qui ne l'ont, ni lu, ni voulu lire, ne cessent de me reprocher trois volumes, & l'atente d'un quatrieme, sur une matiere, disent-ils peu intéressante, sans daigner faire atention que ces quatre volumes n'en feroient que deux médiocres d'un caractere ordinaire, & que je réfute des *in quarto* énormes * & des *in folio*. Ceux qui l'ont

& Fille de l'illustre Chancélier de l'Université de Göttingue, M. DE MOSHEIM, le Bourdaloue de l'Alemagne, & un Bourdaloue dont l'éloquence est le moindre mérite.

* Entr'autres *Poligamia triumphatrix* de Lizerus; gros ouvrage qui feroit bien une douzaine de volumes tels que les miens. Quand je dis que je réfute, il faut l'entendre des principes & de l'esprit de l'ouvrage. Ce n'est que de la sorte qu'on doit réfuter des livres come celui-là.

l'ont lu, n'ont pu s'étoner assez de l'intérêt qu'ils y ont trouvé, dont ils ont eu la bonté de me tenir compte, mais qui apartient en propre au sujet même, l'un des plus beaux & des plus riches qu'on pût choisir. Mon principal mérite est de l'avoir senti, & d'avoir, par la chaleur & la vivacité de l'action presque théatrale des personages que j'introduis, secondé la richesse d'un si beau fond. Quant au mérite de ne l'avoir point chargé d'une érudition trop fatiguante, (ce qui étoit à craindre) j'avoue que c'est peut-être à mon peu d'érudition que j'en suis redevable, autant qu'à toute autre chose.

On me demande de m'expliquer au moins sur cette *Conclusion inatendue*, dont j'ai toujours fait mistere. J'y consens.

Parlons avec franchise.... Ce qu'une épée, ce qu'un poignard à deux tranchans,

est

est dans la main d'un mal-adroit ou d'un furieux, on ne peut diſſimuler que le livre des ſaintes écritures ne le ſoit depuis longtems entre celles des théologiens de toutes les ſectes. Inſtrument de diviſions & de querelles, plûtôt que d'édification. Inſtrument de mort, plûtôt que de guériſon & de ſalut. C'eſt ce pernicieux uſage que j'ai eu deſſein de leur aracher, en gardant le reſpect dû au livre même. Dans cette vue je ne me ſuis point amuſé à relever cette multitude prodigieuſe de paſſages, dont les explications contradictoires montrent aſſez, ou l'incapacité des docteurs, ou la dificulté inſurmontable de la doctrine. Ce ne ſont, diſent-ils, que des objets de peu de conſéquence. Rien de plus faux : mais n'importe. J'ai donc été prendre quelque choſe qui fût de conſéquence, & de plus grande conſéquence que des dogmes de pure

pure spéculation. J'ai été prendre la loi la plus essentielle au bonheur & au repos de la société, loi qui intéresse souverainement tout le genre humain dans les deux sexes qui le partagent, loi qui est la premiere de toutes les loix civiles & morales; celle du mariage. Si le livre sacré d'un bout à l'autre présente sur ce sujet les idées les plus saines, & que généralement parlant les docteurs de toutes les sectes lui en aient atribuées de contraires, c'est de quoi mettre l'autorité de leurs décisions dans un beau jour. Et si pour les convaincre de ce haut dégré d'intelligence, il n'est presque besoin, sans remonter plus haut, que des versions qu'ils ont mises entre les mains des peuples, c'est encore de quoi faire merveille. Je m'en suis donc tenu à peu de chose près aux seules versions, come plus propres à mon dessein que le texte-même: non que le texte y répugne;

mais

mais parcequ'il est plus singulier, de montrer aux gens qu'ils n'entendent point les versions qu'ils lisent toute leur vie, que le texte qu'ils lisent peu ou ne lisent jamais. C'est dans les versions-mêmes, que de la confrontation d'une quantité considérable de faits & de passages, tant de l'ancien que du nouveau testament, j'ai entrepris d'établir. . . Quoi ? le parfait acord de Moïse & de Jesus-christ avec cette loi de la nature bien démontrée ; *Un seul home pour une seule femme.* On m'a traité en face d'extravagant ; ce n'a été qu'un cri contre l'anonce de mon projet ; témoignage bien constant de l'ignorance, ou de l'inatention universelle, sur un point de cette nature. Cependant on se trouve contraint d'avouer que j'ai réussi, quoiqu'on n'ait point encore senti les derniers coups, les plus forts, qu'il me restoit à fraper. On est convenu (& de vive voix ; & par
écrit ;

écrit; & publiquement;) que j'ai tenu parole au delà de toute atente. Un illustre Critique,* qui n'a que trop compensé par des éloges que je mérite peu des reproches assez vifs que je méritois; ce Critique, dis-je, en relevant des méprises dont je tombe d'acord, convient de son côté qu'elles n'ébranlent point le fond du sujet. Il m'avoue que tout l'esprit & toute la loi morale de l'ancien testament bien entendue condane la poligamie, effectivement condanée par Jesus-christ & par la nature. Mais il croit que cet injuste & pernicieux usage a été toléré dans la loi civile, *propter duritiem cordis*, come il arive quelquefois dans un bon & sage gouvernement de soufrir certains désordres très fâcheux. Je n'en veux pas davantage; c'en est plus qu'il

---

* Le célebre M. Michaelis, Secrétaire de la Société royale de Göttingue, Professeur en langues orientales.

qu'il n'en faut pour mettre en d'étranges embaras les théologiens de toutes les sectes. Etoit-ce, étoit-ce à un saint come David, & à Salomon avant sa chute, à user du privilege de la dureté de cœur, come des juifs *à col roide ?* . . . De plus. . . . Je demande: Est-ce moi qui ai mis cet article dans la loi? *Le roi d'Israel n'aura pas* BEAUCOUP *de femmes.* Si ce n'est pas beaucoup que dix-huit pour un prophete, qu'est-ce donc que beaucoup? La plaisante loi, si elle étoit conçue en cette sorte! Mais est-ce moi qui ai fait justement que le mot du texte est équivoque en cet endroit, & signifie, come l'alemand *viel*, indiféremment *beaucoup* ou *plusieurs ?* Ce qui par-conséquent ne décide rien en faveur de la poligamie. Est-ce moi qui dans les versions françoises des églises réformées tranche l'équivoque? *Le roi d'Israel n'au-*

ra

ra pas ... PLUSIEURS *femmes.* * Ce qui fait tomber des nues, des perſones qui liſent l'écriture depuis cinquante ans, ſans avoir pris garde à cela, non plus qu'à mille autres choſes. Eſt-ce enfin moi, qui ſuis cauſe que le motif qu'alegue le légiſlateur, s'acorde en effet autant avec le ſens raiſonable de *pluſieurs*, qu'il s'acorde peu avec ce *beaucoup*, ſi abſurde, & très impertinent à force d'être vague?

Que ne dis-je point là deſſus dans mon troiſieme volume, & que n'ajoutois-je pas dans le quatrieme? Quel vaſte champ de réflexions! Toujours eſt-il vrai que ce que j'ai dit, ſufit de reſte, pour

* A le bien prendre les verſions alemandes ne ſont gueres moins poſitives que les françoiſes. Ce qu'elles interdiſent, même au roi; c'eſt *viel weiber.* Or *viel weiberei*, c'eſt la poligamie. C'eſt donc la poligamie qu'elles condanent.

pour montrer que la théologie a vu fort trouble en une matiere fort claire & fort importante, où la *révélation*, la *raison & l'usage*, l'usage constant de tous les chrétiens, chose étrange! concouroient également à la fixer. Ce qu'elle a vu, ,, c'est que la poligamie est en soi une ,, coutume licite, utile même, oh très ,, utile, ou tout au moins indiférente; ,, mais très certainement autorisée dans ,, l'écriture.,, Et rien n'est démontré, ni démontrable, s'il ne l'est pas, qu'elle reçoit le plus complet démenti sur tous ces points. Croirons-nous qu'elle ait des lumieres plus nettes sur tant de dogmes & de questions obscures dont elle charge une religion très simple? Le moins donc, le moins que puisse prétendre un esprit bien intentioné, qui conoît le tort que ces questions font au vrai christianisme, n'est-ce pas le droit de les tenir à l'écart sans rien décider sur leur sujet? Mais s'il se trouve un homo qui fe voye en main des moyens nouveaux & infaillibles de confondre le pirrhonisme; des moyens de lever une multitude infinie de dificultés dont fe prévaut l'irreligion; des moyens d'établir d'une maniere plus ferme & plus inébranlable que jamais les principes fondamentaux de la fociété & de la morale; mais que ces moyens foyent afoiblis, anéantis même, par telles ou telles doctrines de nul ufage que débite la théologie; cet home ne devra-t-il pas tout facrifier à l'intérêt de la vérité, & faire céder à l'effentiel de la religion un acceffoire très incertain? . . . C'eft *le cas de confience* que je propofois, avec une force & une énergie d'expreffion dont je n'avois pas eu lieu d'être mécontent. Peut-être ces traits puiffans, que je dûs pourlors à la grandeur de mon fujet, fe retrouveront quelque jour dans l'ocafion.

CLXXVII.

CLXXVII.

Exemple mémorable. Obfervation en conféquence.

L'Europe jouit depuis quatorze ans d'un des plus vertueux & des plus éclairés pontifes qui ayent ocupé depuis lontems le fiege de Rome. Ce regne, déjà plus long que celui de la plûpart des pontifes romains, lui a doné le tems d'établir fa réputation par toute la chrétienneté; & il n'y a qu'une voix fur fon compte. Un pontife de ce caractere entreprend de réformer quelques abus, entr'autres le nombre incomode des fêtes, pour l'intérêt même du peuple, afin qu'il y ait moins de jours perdus pour la fubfiftance; fêtes qui ne touchent point le fond de la religion; fêtes abfolument arbitraires. Un empereur & une impératrice, diftingués par une piété & par un zele héréditaires dans leurs familles, s'uniflent à lui pour le même fujet. Trois têtes de cette importance ne peuvent en venir à bout. Le peuple ne veut point entendre raifon; il s'obftine dans fes ufages. Oh! je demande de quelle conféquence peuvent être à fon égard les réflexions libres d'un métaphificien, dont les ouvrages ne feront point lus par la milieme partie des perfones qui fe piquent même de n'être point peuple. C'eft une raifon de plus, outre celles que j'ai déjà touchées tant de fois ailleurs, pour propofer fans façon mes dificultés, fur les opinions les plus facrées parmi les homes. Qu'à Dieu ne plaife, que je veuille, ou que je puiffe nuire à la fociété! Je fuis convaincu que tout ce que nous fomes de métaphificiens au monde n'avons aucune influence fur la multitude, & que nous n'en avons qu'une très médiocre fur le petit nombre des gens qui penfent. Mais il importe à ce petit nombre de gens qui penfent, c'eft-à-dire à-dire à la plus saine partie du genre humain, que les vérités soient discutées & retournées sous tous les sens. C'est à quoi j'ai consacré vingt ans de réflexions. Voyons... voyons quels en sont les fruits. *

CLXXVIII.
Principes modernes.

Entre les principes nouveaux dont on a enrichi notre siecle, il n'en est gueres de plus singuliers que celui de certains philosophes, qui de la seule force d'inertie ont entrepris de déduire toutes les loix des changemens de la nature. Les étranges gens ! Du principe *que rien ne tend à changer*, ils veulent expliquer *coment tout change*. L'inertie entre sans doute pour beaucoup dans l'explication des loix phisiques; mais il est trop sublime de l'en faire la base.... O Nature

* Dans les *Protestations & Déclarations philosophiques*.

ture! divine Spinx! que tu es cruelle envers ces Oedipes infortunés!

CLXXIX.
La grande découverte du RIEN RÉEL.

Une autre découverte bien plus importante, c'eſt celle du RIEN RÉEL; que *Rien eſt quelque choſe.* ,, Trois intel-,, ligibles dans la nature; *l'être*, la *rela-*,, *tion*, & le *rien;* lequel *rien* eſt quel-,, que choſe auſſi bien que *l'être.* ,, Come le philoſophe qui débite ces nouveautés, eſt dans une extrême indigence, que d'ailleurs il ne mérite point; ſon *Rien* principe de nos conoiſſances n'a eu que des huées. Veut-on ſavoir, dans une autre fortune, ce qu'il en ſeroit? Il n'eſt pas beſoin de conjectures; nous avons des faits. Sans aler juſqu'à la Chine chercher dans la philoſophie de Confucius quelque choſe de fort ſemblable, le précepteur d'Alexandre, l'incomcomparable Ariſtote, nous les va fournir. Avant lui on n'avoit conu que deux principes des choſes, la *matiere* & la *forme*. Il vint, & traita du haut en bas tous ſes devanciers, pour n'en avoir pas reconu un troiſieme, la PRIVATION; que, *Pour devenir une choſe, il faut n'être pas cette choſe.* Dieu ſait le bruit qu'il fit, quoiqu'aujourd'hui l'on ne s'en ſouvienne plus. Il étoit en paſſe. * Oh! je demande,

* Chapitre 18 de la 3e partie de *l'Art de penſer*, vers le comencement, on lit ce qui ſuit.

„ARISTOTE acuſe tous les anciens
„de n'avoir pas reconu la *privation* pour
„un des principes des choſes naturelles,
„& il les traite ſur cela *de ruſtiques & de*
„*groſſiers*. Mais qui ne voit que ce qu'il
„nous repréſente come un grand miſ-
„tere qui eût été ignoré juſqu'à lui, ne
„peut jamais avoir été ignoré de perſo-
„ne, puiſqu'il eſt impoſſible de ne pas
voir,

demande, si *l'être*, la *relation*, & le *rien*, ne sont pas sous d'autres noms, la *matiere*,

„voir, qu'il faut que la matiere dont on
„fait une table, ait la privation de la
„forme de table, c'est-à-dire, ne soit
„pas table, avant qu'on en fasse une
„table? Il est vrai que ces anciens ne
„s'étoient pas avisés de cette conoissan-
„ce pour expliquer les principes des
„choses naturelles, parcequ'en effet il
„n'y a rien qui y serve moins, étant as-
„sez visible qu'on n'en conoît pas mieux
„coment se fait une horloge, pour sa-
„voir que la matiere dont on la fait a
„dû n'être pas horloge avant qu'on en
„fît une horloge.

„C'est donc une injustice à Aristote
„de reprocher à ces anciens philoso-
„phes d'avoir ignoré une chose qu'il est
„impossible d'ignorer, & de les acuser
„de ne s'être pas servis, pour expliquer
„la nature, d'un principe qui n'expli-
„que

tiere, la *forme*, & la *privation*. Voilà, sans insulter à la misere d'un philosophe,

„ que rien; & c'est une illusion & un
„ sophisme, que d'avoir produit au mon-
„ de ce principe de la *privation*, come un
„ rare secret, puisque ce n'est point ce
„ que l'on cherche quand on tâche de
„ découvrir les principes de la nature.
„ On supose come une chose conue
„ qu'une chose n'est pas avant que d'ê-
„ tre faite. Mais on veut savoir de quels
„ principes elle est composée, & quelle
„ cause l'a produite.

„ Aussi n'y eut-il jamais de statuaire,
„ par exemple, qui pour aprendre à
„ quelqu'un la maniere de faire une sta-
„ tue, lui ait doné pour premiere instruc-
„ tion cette leçon, par laquelle Aristo-
„ te veut qu'on comence l'explication de
„ tous les ouvrages de la nature; Mon
„ ami, la premiere chose que vous de-
„ vez savoir, est, que pour faire une sta-
„ tue

ce qu'il étoit bon de lui répondre, après s'être doné la patience de l'écouter. Libre de s'écrier ensuite;... O nouveautés! ... O sistèmes!

O curas hominum! ô quantum est in rebus inane!

CLXXX.
L'égoïsme.

Rien ne me paroitroit plus plaisant que le sistème d'un égoïste dédié à un mécenes dont il brigueroit la faveur; si pourtant le livre en soi n'étoit déjà aussi plai-

„ tue il faut choisir un marbre qui ne
„ soit pas encore cette statue que vous
„ voulez faire. „

Proposé, avec grand bruit, par le précepteur d'Alexandre, ce principe fit fortune, au point qu'il a falu des siecles, & des efforts, pour le réduire à sa valeur. Oublié depuis, & renouvelé par un philosophe sans crédit, on le méprise trop, si le mépris va jusqu'à la persone.

plaisant qu'il pût l'être. *Prouver à d'autres que l'on est seul!* Je crois que la dédicace comenceroit ainsi : „ Monsei„ gneur! . . . De toutes les aparences
„ dont j'éprouve les sensations, il n'en
„ est point pour qui j'aie une vénération
„ plus profonde, que pour Votre Excel„ lence. „ Ensuite il se loueroit infiniment de cette sensation; des obligations qu'il reconoît lui avoir; de la généreuse protection qu'il en atend. Il vanteroit le mérite & les vertus qu'il y admire, & débiteroit toutes les impertinences qu'on debite à des réalités. Laissons ce fou, & disons qu'on peut distinguer deux sortes d'égoïsme; l'égoïsme de l'esprit & l'egoïsme du cœur. Le premier n'est pas fort comun. Il est assez rare de trouver des gens qui soyent tentés de croire, qu'ils sont seuls dans la nature, & que tout le reste n'est qu'illusion. Mais il ne l'est point d'en trouver dont le cœur

injuſte raporte tout à ſoi, qui ne tiennent compte que d'eux-mêmes, & ſe conduiſent come s'ils étoient ſeuls le monde entier.

CLXXXI.
Doute métodique.

Le doute métodique n'eſt bon à rien. Un doute qui n'eſt qu'afecté & non réel, n'anéantit pas le préjugé, & ne manque jamais de vous ramener tout juſte au point d'où l'on eſt parti. C'eſt ce qui eſt arivé à Descartes. Se figure-t-on qu'après ſon doute il ait cru autre choſe que ce qu'il croyoit auparavant? Tout cela n'eſt qu'une façon, je dirois presque une momerie indigne d'un philoſophe. Un bon doute, ou ne nous auroit rien doné, ou nous auroit doné probablement une toute autre philoſophie. Il l'avoit eu, ce bon doute, à l'égard des opinions de l'école: auſſi n'y revint-il pas.

CLXXXII.

CLXXXII.
Effets de l'examen.

Ce que Descartes n'a fait qu'une fois dans sa vie, & mal; je le fais, & le ferai dans toute la durée de la mienne. Je ne cesse presque de mois en mois, presque de jour à autre, de remettre mes plus cheres opinions au creuset d'un sérieux examen, par un doute en vérité plus que métodique; avec une entiere impartialité; prêt à prendre à l'instant même le contrepied, s'il est besoin. Aussi n'arive-t-il gueres que je ne trouve, ou des dificultés, ou des solutions nouvelles; mais plus des premieres que des dernieres.

J'écrivois ceci il y a déjà plusieurs anées. Depuis il semble que les dificultés soient devenues plus rares, & les solutions bien plus fréquentes. Est-ce bon signe? Oui.... Surtout quand pour en venir là il a falu faire de généreufes exécutions fur les préjugés; tailler, trancher dans le vif, afin de fauver l'effentiel. . . . Et quel eft l'effentiel? Ce qui doit être vrai en dépit des dificultés. . . . Quoi?

Primò, & avant toutes chofes, la réalité des devoirs moraux qui font le lien de la fociété.

Secundò, l'exiftence d'un Dieu très bon, qui vient à l'apui de la morale, come infpecteur & come motif.

Tertiò, nouvel apui; l'atente d'une vie à venir où fe diffiperont les ténebres de la préfente.

✵

CLXXXIII.

✵ Je fuplie le Lecteur équitable, de fe démander ici, & à la fin de chacune des dix penfées fuivantes, (fans compter un grand nombre d'autres dans le refte de l'ouvrage, lesquelles étoient, dès la premiere édition, telles qu'on les va voir,
fans

CLXXXIII.
L'art de penser.

En mathématiques il sufit de se rapeler qu'une propofition eft démontrée, fans qu'il foit befoin de toute fa vie de s'en rapeler la démonftration. Beaucoup de gens croyent qu'il en eft de même en matieres de métaphifique. Je les avertis qu'ils fe trompent. En vain tenéz-vous

fans la moindre diférence ;) je le fuplie, dis-je, de fe demander l'opinion qu'il doit prendre, & moi auffi, de la bone foi, & de la charité chrétienne de certains théologiens, qui m'ont acufé hautement, *d'avoir voulu par des* IMPIE'TE'S, c'eft leur terme, *briguer la faveur des prétendus efprits-forts du fiecle;* & cela, à caufe de quelques cenfures graves, mais néceffaires, que je me fuis permifes contre la fauffe théologie. A moi, cette baffeffe d'ame ! . . Le zele admirable de religion ! Qu'il eft propre à m'édifier !

vous des vérités très fines & très déliées, si vous n'avez également présentes les raisons qui les démontrent. Du moins je suis très convaincu de ce que je dis; & de là cette habitude constante où je suis de ne me rapeler jamais une de mes opinions en métaphisique, sans citer les preuves à comparoître, par un ordre qui s'exécute avec autant de promtitude qu'il est doné. C'est l'ocasion, & le motif de ces examens perpétuels que je fais de mes principes, depuis vingt ans avec autant de soin que le premier jour.

Un autre motif, cette cruelle idée. Persone pour grand génie qu'il soit n'est exempt d'erreur: il y a donc assurément de l'erreur dans quelques-unes de mes opinions. S'il y a des traîtres entre mes amis, qui sont-ils? Il faut chercher, & ne se lasser point dans cette recherche; la condition n'est pas agréable. Le trône a des soucis, la vie obscure du philosophe

losophe n'en a pas moins. Mais il y a entre cet état & celui du pirrhonien la même diférence, qu'entre la conduite d'un bon prince qui a lieu de se méfier de ceux qui l'environent, & celle d'un tiran volage & fougueux. Le premier sonde les cœurs sans rien précipiter ; l'autre sacrifie tout à ses soupçons. Le sage consent à caresser quelques erreurs inconues, plûtôt qu'à proscrire par un injuste arêt la vérité même avec l'erreur.

CLXXXIV.
Pirrhoniens.

Le pirrhonien de Moliere, qui répond **peut-être, il me semble, cela se pouroit,** à tout ce qu'on lui dit, est mille fois moins ridicule que les trois quarts de nos pirrhoniens, si tranchans & si décisifs sur toutes les questions qui se proposent.

CLXXXV.

CLXXXV.
Surprife de l'évidence.

Qu'un pirrhonien dans le comerce de la vie parle de vérité & de certitude, come les autres homes, cela ne me surprend point. On auroit tort même de le lui reprocher. Il eft dans le cas d'un copernicien, d'un Caffini, qui dit come un autre, *Le foleil fe leve, telle conftellation eft à la moitié de fa courfe &c.* Mais que dans une difpute reglée où il s'agit de foutenir qu'il n'y a rien de certain, ces fortes de gens prennent le ton du dogmatisme le plus ferme, c'eft le comble de la difparate. Rien de plus aifé que de les mener là. Comencez par les preffer de franc jeu. Enfuite fans quiter le ton férieux, tombez à deffein dans des raifonemens peu juftes, plus ou moins, felon que vous leur conoiffez d'intelligence pour deméler le manque de juftefle. Vous les verrez triompher

pher aussitôt. *Vous avez heurté un principe incontestable. Vous choquez toutes les regles de la logique. On ne vit jamais raisoner de cette façon là. A quoi pensez-vous? C'est un pur paralogisme. On ne peut nier que* . . . „ Ah! Mes-
„ sieurs, il est donc des regles certaines
„ de raisonement; je vous y tiens. Et
„ ne dites point que c'est rétorsion de
„ votre part. Entre-t-on avec cette vi-
„ vacité, avec cette animosité, dans les
„ principes des autres? Voix de la con-
„ sience. Dèsque vous sentez que je rai-
„ sone mal, vous êtes convaincus qu'il y
„ a une vérité & une fausseté dans les
„ raisonemens : c'en est assez. „ Je n'en ai point vus qui ne se soient trahis à cette épreuve, & à qui je n'aie eu le plaisir d'extorquer en un quart d'heure toutes les phrases les plus afirmatives, toutes les expressions les plus

plus familieres à ceux qui ne doutent de rien. *

CLXXXVI.
L'envelope à claires voies.

Le pirrhonisme n'eſt le plus ſouvent que l'envelope de l'ignorance; mais il faut n'être guere habile, pour en être la dupe, & ne pas percer un voile ſi mince. Autant je reſpecterois un pirrhonien en qui je remarquerois un ſavoir étendu, joint à une réflexion profonde: autant je mépriſe ces petits génies qui ne ſavent pas même être ignorans; qui ne peuvent, ni ſe cacher, ni ſe montrer, come il faudroit.

CLXXXVII.
Fortune & Providence.

Ce que font le bonheur & le malheur dans le ſiſtème manichéen des joueurs de profeſſion, (eſpece de gens dont les idées

* Voyez page 227. de mes *Mémoires* une autre métode contre le pirrhonisme.

idées n'ont point coutume d'être fort réfléchies,) à le bien prendre, la providence & la fortune le font dans le grand jeu de la société humaine, selon le langage autorisé dans toutes les langues: personages distincts, quoique aussi mal conçus l'un que l'autre, à qui se partage la direction de tous les coups, c'est-à-dire de tous les événemens ; à l'un-de ceux qui demandent de la sagesse, & à l'autre de ceux qui ne suposent qu'un hazard aveugle & téméraire. Mais les joueurs les plus furieux ne confondent point leurs deux principes de bonheur & de malheur, & ne blasphement point celui-là sous le nom de celui-ci: au lieu que la fortune n'est souvent qu'un nom comode, dont les homes se servent pour couvrir des blasphèmes directs contre la providence, lorsqu'ils ne croyent pas avoir lieu d'être contens d'elle ; une idée fantastique, à laquelle ils prodiguent

diguent cordialement des injures, qu'ils frémiroient d'adresser à leur véritable but.

CLXXXVIII.
Les impies du tems.

On ne voit que prétendus Israels, *forts contre Dieu*. La lute ne fait que comencer, & leur démarche n'est déjà pas trop sûre. Que sera-ce, quand ils auront senti le poids de celui qu'ils osent combatre?

CLXXXIX.
Delicatesse suspecte.

Il en est de l'impiété come de la débauche & de l'ivrognerie. Tel en fait gloire, qui se fâche quand on lui en done le titre.

Dira-t-on que c'est l'intention qui choque? On sait, qu'on ne le done que par maniere d'insulte. Cela n'est pas vrai; on ne veut souvent que nomer les choses par leur nom. Mais de plus
il

il n'y a intention d'infulter qui tienne : l'home pieux ne fe fâche point, il fe rejouira plûtôt de s'entendre apeller ce qu'il eſt, même de s'entendre apeller fuperftitieux, s'il voit que par fuperftitieux on ne veuille dire autre chofe que religieux.

D'où vient cette diférence ?

CXC.
Intolérance.

L'intolérance eſt dans le cœur de l'home : c'eſt la haine des ennemis de nos opinions ; elle eſt d'autant plus vive que nos opinions nous font plus cheres. Si l'impiété eſt auffi chere aux impies que la fuperftition l'eſt aux fuperftitieux, ils ne feront pas moins intolérans. Et je vous garantis que bien des incrédules de nos jours font dans le cas. Vous les verriez réduire en cendres, s'ils pouvoient, ceux qui ont la témérité d'avouer qu'ils croyent un Dieu. Que des ecclé-

ecclésiastiques soient persécuteurs; il se peut que ce soit par principe de consience, d'une consience il est vrai très erronée. D'ailleurs il s'agit de leurs autels & de leurs foyers; puissant intérêt capable d'aigrir leur zele. Mais que nos esprits-forts, ces prétendus apôtres de la raison, ne puissent soufrir, qu'un home se déclare défenseur de la morale, & de l'essentiel de la religion; ce n'est pas intolérance, c'est fureur.

CXCI.

Milieu.

Avec toutes les hardiesses que je me suis permises en exposant des doutes considérables, je ne passe encore que pour une espece de superstitieux, parmi les impies; & malgré ce fond de religion, qui éclate dans tous mes ouvrages, pour un impie, parmi ... tranchons le mot, parmi les superstitieux. Cela signifieroit-il que je suis religieux à-peu-près come il faut l'être ? Quoi ?

Quoi ? devenu métaphisicien par état*
après l'avoir été par goût depuis plus de
vingt anées, je ne pourai, en remplis-
sant mes fonctions, je ne pourai parler de
Dieu, de religion, de morale, sans être
acusé de cagotisme, parceque je n'en
parle qu'avec respect ; je ne pourai proposer des doutes en gémissant, & im-
plorer des lumieres supérieures aux mien-
nes, sans être acusé de ne tendre à rien
moins qu'à tout détruire ! O siecle indé-
finissable ; mélange bizare d'irreligion &
de fanatisme, aussi bien que de pédan-
tisme & de frivolité, de libertinage &
de pruderie ; siecle des disparates ; siecle
dont

---

* Membre de la *Classe de métaphisique* dans
l'Académie royale des siences..., Ce
sont mes *Pensées sur la Liberté* que j'ai en
vue, & le Traité *du Hazard sous l'empire de la Providence*. Ce dernier rend la
plainte encore plus juste.

H

dont je n'ai garde d'ambitioner l'eſtime ; tranche, décide, honore-moi de tes faux jugemens. Tu doneras de l'exercice à mon courage ; mais tu ne me détourneras point de la route. Eſt-ce à toi que mon travail eſt deſtiné ? Je te le confie, come aux flots & aux vents un frêle vaiſſeau, pour le transmettre à ce port éloigné où le prix de ſa charge ſera conu.

CXCII.
Ma profeſſion de foi.

Je crois un Dieu ; une religion naturelle ; & une religion révélée, entée ſur la naturelle, par l'entremiſe immédiate de Dieu ; & que cette religion rélévée eſt le pur chriſtianisme. Mais où eſt-il, ce pur chriſtianisme ? En quelle ſecte ſe trouve-t-il ? Partout & nule part. Toutes les ſectes ſont aſſez bones avec la bone vie, pour qui ne conoît pas mieux : nule n'a la pureté & la ſimplicité de doctrine

trine qui faciliteroit le plus la bone vie. Luther & Calvin ont réformé de grands abus; d'autres ont ajouté à ce qu'ils ont fait, & il reste encore à faire.

Telle est ma croyance. Ce n'est pas d'aujourdhui que je la professe. Elle paroît dans mes *Mémoires* imprimés il y a six ans, & dans les autres ouvrages que j'ai donés depuis ce temps-là; & c'est à la défendre, que tout ce que j'ai de force & de courage est destiné. *

CXCIII.

Dignes rivaux.

Croit-on que ces beaux-esprits, en

---

* Les pensées suivantes jusqu'à la fin sont celles qui avoient été imprimées séparément, sous ce titre; *De Dieu & de la Religion* . . . . *à* FRANCFORT. Come les motifs de cette distinction ont cessé, je retablis les choses dans le premier état, & je suprime l'avertissement en conséquence qui étoit à la tête de cette brochure.

qui brille la noble émulation de renverser tous les principes des conoiſſances humaines ſoient gens à s'enfoncer dans des études ſérieuſes? Ils ont effleuré la lecture de trois ou quatre philoſophes; & c'eſt de la ſorte, qu'armés à la légere, ils vont faire main baſſe ſur ce qu'il y a de plus ſacré. Ceux qui les recoivent, ont d'ordinaire une armure un peu plus péſante. Mais, ni la perfidie du parthe, ni la mal-adreſſe des nations ſauvages & groſſieres, n'égalent leur maniere de procéder. Vérités ſaintes! de quels aſſaillans, & de quels défenſeurs, vous avez ſoutenu les coups!

CXCIV.
L'aveu le plus ſincere.

Je l'avoue ingénument: je ne conois pas un livre ayant pour titre *de l'exiſtence de Dieu*, ou *de la vérité de la religion*, qui ne me paroiſſe avoir, en pluſieurs points graves, les caracteres les plus

plus marqués d'une insigne mauvaise foi, ou d'un aveuglement inconcevable. * Si les livres des incrédules, à tout prendre, n'étoient encore pires; je ne le diffimule point, je ferois gloire d'être incrédule.

CXCV.
Indignation.

Pourquoi faut-il qu'une auffi bone caufe que celle de Dieu & de la religion ait fait faire de fi déteftables ouvrages, & comettre les actions les plus atroces?

CXCVI.
Pélegrins.

On a dit du fameux abé Pélegrin, pauvre prêtre, qui fefoit des opera, des

---

* Je ne dis pas en tout, mais *en plufieurs points graves;* ce que fupriment honêtement les zélotes qui me font un crime de cette penfée. Je ne la juftifirai que trop quand il fera tems.

des comédies, & tout ce que l'on vouloit;

Il dine de l'autel, & foupe du théatre.

Mais cela n'égale point l'indécence de ces plumes vénales, pour qui il n'y a rien de trop vil dans le métier d'écrire, & qui ofent encore s'élever aux fujets les plus importans de la religion, fur le ton des Abadies & des Boffuets. O que la caufe de Dieu a bone grace en des mains falies de l'encre la plus profane!

CXCVII.
Le meilleur prédicateur.

C'eft celui qui peut prêcher contre quelque vice que ce foit fans qu'on s'avife de penfer à lui, & qui ne fauroit parler fi bien fur une vertu, que fon troupeau ne dife avec complaifance; *fa conduite parle encore mieux.*

CXCVIII.
Celui que je veux entendre.

Quand je vois un orateur chrétien comencer

mencer l'action sainte du dimanche par une priere de sa façon, sans onction, sans ame, sans sentiment, mais pleine de la plus froide rhétorique, & qu'il ne manque jamais à débiter avec emphase, la milieme fois come la premiere; puis expédier à la hâte, d'un ton d'écolier qui dit sa leçon, ou même entre les dens, come peu digne d'être entendue, la trop simple & trop vulgaire priere du Dieu qu'il prêche; ah! que je lui crierois de bon cœur, n'étoit le privilege du lieu, où il faut tout écouter & ne rien dire; Songez, songez que vous avez sous les yeux, & que vous alez nous expliquer un livre divin, où il est dit: ,,N'usez ,,point de longs discours dans vos prie-,,res, come font les payens qui croyent ,,se faire exaucer par la multitude des ,,paroles; mais vous, priez ainsi: *Notre* ,,*pere qui es aux cieux.* &c.,,

Celui qui n'a pas besoin de se coriger sur cet article, ou qui se corigera sans me vouloir du mal, ou qui seulement même n'enflera pas davantage la voix à sa priere, & ne courra pas plus vîte à celle du fils de Dieu qu'il n'a fait encore jusqu'à présent; voilà l'orateur chrétien, l'home apostolique que je veux entendre. Mais que je crains fort, que plus d'un apôtre de charité ne comence désormais chaque exercice de religion, par un bon acte de haine contre moi; sans préjudice d'autres actes en d'autres ocasions particulieres.

CXCIX.
Abus dans la priere.

Jesus-christ a dit: Priez ainsi; *Notre pere qui es aux cieux &c.* Mais a-t-il voulu dire; Priez dans cet esprit & avec cette simplicité: ou bien a-t-il prétendu qu'on répétât cette priere en propres termes, quatre fois au moins tous les jours

jours, & souvent deux fois dans une même heure; sans parler du rosaire, des patenôtres, & d'autres usages de cette sorte chez d'autres sectes?* J'en doute fort. Il faut de la ferveur & de l'onction dans la priere: il faut pour cela qu'elle parte du cœur, non de la mémoire. A la longue c'est une routine; je défie qu'on puisse seulement compter sur l'atention. On peut aprendre de mémoire une harangue, ou un compliment pour un prince: mais je ne crois pas qu'on pût répéter à son prince, avec la même décence, le même compliment quatre fois par jour durant trois mois, s'il avoit la complaisance de l'entendre. C'est bien autre chose d'une priere qui doit être tendre & afectueuse. Donez-moi un criminel, à qui le roi ait promis sa grace, s'il peut la lui demander tous

* Dire vingt fois, trente fois, son *pater*, son *ave*, ou tel pseaume &c.

les jours pendant un an d'une maniere également touchante, en n'employant qu'une formule retenue de mémoire. Je tiens mon home suplicié. Et quand je dis touchante, je ne prétens pas que ce soit au cœur du prince ou de l'assemblée qu'elle se fasse sentir ; je dis au cœur même du criminel. Cependant combien le suplice de la corde ou de la roue inspire-t-il plus de crainte que ceux de l'enfer ? Et combien la présence d'un prince que l'on voit, & de qui dépend notre vie, fait-elle plus d'impression que l'idée d'un juge que l'on ne voit pas ? Combien le ton d'un home, que le besoin réduit à mandier, est-il diférent les premieres fois, de ce qu'il est au bout de quelques semaines où la nécessité est encore la même ? Espérerons-nous que nos formules de priéres puissent ouvrir les cieux ? Quel remede à cela ? C'est au Dieu de miséricorde à nous doner lui-
même

même la grace de le prier come il veut l'être; & c'est à nous à faisir aussitôt cette premiere grace pour en obtenir d'autres aussi précieuses.

CC.
Culte injurieux.

Il y a dans la maniere dont la plûpart des chrétiens les mieux instruits & les plus persuadés, s'aquitent des devoirs extérieurs de la religion, une stupidité & un travers insuportables. Ils savent qu'ils doivent pour le moins comencer & finir la journée par s'adresser à Dieu dans la priere. Il y en a même qui se croiroient menacés des plus grands maux s'ils y manquoient. Mais qu'est-ce à leur avis que prier Dieu? Répéter sans atention quelques paroles qu'ils ont aprises dans leur enfance, & qu'ils savent si bien, que c'est la seule chose qui puisse excuser la froideur, & la nonchalence, avec laquelle ils ne peuvent s'empêcher de les prononcer. Cependant il n'en faut pas davantage pour raſſurer leur conſience ; & qui n'a pas fait ce manege, bien ou mal, eſt un impie. Quelle diférence au fond y a-t-il donc, entre ce libertin qui depuis trente ans n'a prié Dieu, & ce chrétien qui n'y a pas manqué un ſeul jour ? C'eſt qu'il y a trente ans que ce libertin vit dans un étrange oubli de Dieu, & qu'il y en a tout autant, ce qui eſt encore bien plus étrange, que ce chrétien s'en eſt ſouvenu réguliérement quatre fois par jour, pour l'inſulter en particulier : outre certains jours plus ſolemnels, en aſſez grand nombre dans l'anée, où il a rendez-vous au temple, pour le braver avec éclat, dans la compagnie du paſteur & de ſon troupeau.

CCI.

Idoles dans le temple.

Combien de fois les chaires de vérité ont retenti dans les oraiſons funebres

de mensonges dont la place publique auroit rougi, si c'eût été come autrefois l'usage de les lui faire entendre! Mais le comble du scandale, l'incroyable, l'inconcevable, est de faire du culte divin, & de la partie la plus sacrée du culte, la priere; d'en faire, dis-je, une lice de courtisans, & le théatre des plus indignes flateries. Ce scandale est rare dans les grands états, où l'on se contente, d'ordinaire, de prier simplement & sans emphase pour le roi & la famille royale. C'est aux petites cours qu'est réservé le plus monstrueux excès d'adulation. J'ai vu, par exemple, j'ai vu un prince très digne d'être loué à bien des égards, mais ailleurs qu'à la face de l'Eternel; je l'ai vu embarassé, décontenancé, acablé, des éloges, dont la priere publique, lui présent & lui absent, ne manquoit jamais d'être chargée outre mesure. On y spécifioit à Dieu les rares qualités du
prin-

prince dans le plus grand détail, & on les lui certifioit. Le prédicateur de l'aprèsdinée enchériffoit fur celui du matin, & celui du foir fur les deux autres qui prenoient leur revanche huit jours après. Jamais Louis-quatorze n'a été plus exceffivement loué dans des prologues d'opera, au milieu de fa gloire & de fes triomphes, que ce prince à peine fouverain ne l'étoit, je le répete, à chaque priere de chaque dimanche ou de chaque jour folemnel dans l'anée. Jamais on n'articula dans un traité avec plus de foin les titres qu'affure le traité même, qu'on articuloit au Seigneur, de peur qu'il ne s'y méprît, les nouveaux titres de ce prince, & les nouvelles dignités qui caufoient tout ce fanatisme. Eh! voilà l'ufage de la religion! J'en ai témoigné mon indignation plus d'une fois; & j'ai promis qu'elle éclateroit. Je tiens parole.

CCII.

CCII.
Les saintes Ecritures.

Point d'extravagances que les homes n'ayent dites à l'ocasion de ce livre divin : point de faux pas qu'ils n'ayent fait à la lueur de ce grand flambeau.

CCIII.
Essence de Dieu.

DIEU EST CHARITÉ, dit St. Jean. Ces paroles si intelligibles de la premiere de ses épîtres * méritent bien mieux d'être écrites en lettres d'or, ou gravées dans les cœurs, que le sublime & mistérieux platonicisme, qui fait le début de son évangile. ** „Au comen„cemént étoit le Verbe, & le Verbe „étoit avec Dieu, *& le Verbe étoit* „*Dieu.*„ Mais il est arivé que le mistérieux a ocasioné des horreurs parmi les

* Chapitre 4. v. 8.
** Allusion au mot conu d'un philosophe platonicien.

les homes, qui ont oublié parfaitement ce *Dieu-charité*, dont on leur propofoit l'imitation, pour ne fonger qu'à fe batre fur la confubftantialité du Verbe qui ne leur peut fervir à rien. Envain l'apôtre leur répete à chaque page: „Mes petits enfans, aimez-vous les „uns les autres, come votre Dieu vous „aime. Qui aime, eft de Dieu; qui „n'aime point, n'eft point de Dieu. „*Aimez-vous*: c'eft le premier, c'eft le „dernier des comandemens.„ Les barbares s'égorgent; leur zele

    Ne fert un Dieu de paix que par des homicides,

ou par des perfécutions encore plus cruelles!

    Obligés de s'aimer, fans doute, ils font
        heureux:

dit la tendre Zaïre; parlant des chrétiens, dont elle eft fupofée n'avoir qu'une foible conoiffance. Et qui les co-
                            noit

noit en effet, peut-il vanter le bonheur dont ils jouissent, les fruits précieux de leur union?

CCIV.
Au sujet de la précédente.

Pourquoi faut-il qu'on trouve déchirement de cœur, où l'on ne cherche qu'à s'édifier? La seconde épître de St. Jean qui est si courte, semble renverser toute la doctrine de la premiere, & être le germe de ces haines théologiques, qui dévorent les chrétiens, depuis qu'il y a des chrétiens au monde. ,,Plusieurs im-
,,posteurs, y est-il dit, * se sont élevés
,,*qui ne confessent point* que Jesus-christ
,,soit venu dans une vraie chair. C'est
,,être séducteur & antechrist. . . . . Qui-
,,conque ne demeure point dans la doc-
,,trine de Jesus-christ est *sans Dieu;* (ou
,,peut-être un peu moins durement, *ne*
,,*pos-*

_____
* Versets 7. 8. 9. 10, & 11. C'est près de la moitié de l'épître.

,, *possede point Dieu.*) . . . . Ne le recevez
,, point dans votre maison ; *ne le saluez*
,, *point*. Qui le salue, *participe* à ses mé-
,, chantes œuvres. ,, Ah! l'on est bien
près de haïr celui qu'on croit ne pouvoir saluer sans crime! *Et celui qui hait son frere est homicide*, est-il dit dans la premiere épître. Il se trouve donc que cette charité tant recomandée ne l'est qu'entre *freres*, c'est-à-dire entre gens précisément de la même secte. S'il n'est pas permis de saluer un disciple de Basilide, qui a le malheur de ne pas croire que le Verbe vraiment Dieu ait pris une vraie chair, quelle conduite tenir avec un disciple d'Arius qui ne croit point que le Verbe soit vraiment Dieu, ou avec un disciple de Socin qui dit rondement qu'il n'est point Dieu; que ce n'est qu'un home, mais un home en qui a résidé la plénitude de la grace, pour élever le genre humain à la conoissance de

la

la plus parfaite morale? On a douté que cette seconde épître fût de St. Jean. Je voudrois qu'elle ne fût de persone. Elle est bien dans le caractere de celui qui dès le comencement de son apostolat ne parloit pas moins que de faire tomber le feu du ciel * sur les villes qui ne reconoissoient pas son maître. Mais elle convient peu au disciple bien aimé de ce bon maître qui le reprenoit en ces termes. ,,Vous ne savez pas de ,, quel esprit vous êtes. Le fils de l'ho,, me n'est point venu pour perdre, mais ,, pour sauver. ,,

CCV.
Religion.

Tantum relligio potuit suadere malorum!

Quoi! la religion porte à de tels forfaits!

Ce vers du poëte Lucrece est bien beau: mais il s'en faloit beaucoup qu'il eût de son tems l'énergie qu'il a, depuis
que

* Luc. ch. 9. v. 52. & suivans.

que pendant près de dix-huit siecles une religion qui ne prêche que charité, & qui en done les plus inéfables exemples, a étalé dans le monde plus d'horreurs, que le paganisme avec ses dieux abominables. Le vers françois enchérit sur le latin. En vérité cela est dans l'ordre.

CCVI.
Leçon du curé.

Quand un home dit: „Pour ce qui „est de moi, je suis d'une docilité ex„trème en matieres de religion. Ce „que mon curé m'a enseigné, je le „crois, & n'en sais pas davantage." Si cet home me disoit en propres termes: „Je m'embarasse fort peu de la religion, „mais j'ai résolu de faire semblant „de la croire." Il ne me parleroit pas plus nettement d'une façon que de l'autre.

CCVII.

CCVII.

Incrédulité dans la morale, & incrédulité dans la religion.

S'il est quelqu'un qui soutienne, qu'il n'y a point de devoirs moraux dans la société; que nous ne devons d'obeissance aux loix, de fidélité à nos souverains, & d'égards à nos semblables, qu'autant qu'on est en état de nous y contraindre; je tiens un pareil home, non pour ce qu'on apelle *incrédule* en matiere de foi, mais pour *professeur en scélératesse*, & je crois qu'il est aussi légitime de sévir contre lui que contre les perturbateurs de la sureté & de la tranquilité publique. Mais il n'en est pas de même de celui qui a le malheur de méconoître les motifs étrangers, très forts, ou du moins qui devroient l'être, que la religion peut ajouter à la morale. Je qualifie ces motifs *d'étrangers*, parceque je prétens, & que je ne suis pas le seul

à préà prétendre, que l'exiſtence de celle-ci en eſt tout-à-fait indépendante. *La morale eſt en ſoi démoutrable come les mathématiques.* Pour établir ce que c'eſt qu'être honête-home, & qu'il importe eſſentiellement de l'être dans la vie, je crois auſſi peu néceſſaire de faire préluder la conoiſſance de la religion & celle de Dieu, que pour prouver une propoſition d'Euclide. Je voudrois même qu'il fût d'uſage qu'on enviſageât d'abord les choſes de cette façon, dans les inſtructions qu'on doneroit à la jeuneſſe, afin qu'il y eût des reſſources pour tous les eſprits, tant pour ceux qui ont les diſpoſitions religieuſes, que pour ceux qui ne les ont pas. A l'égard de l'influence de la religion, il ſemble qu'elle devroit être infinie; mais le fait eſt qu'elle ſe reduit à très peu de choſe. En vérité à ſi peu de choſe, juſqu'à préſent, que cela ne vaut pas la peine de

de blesser la charité, je ne dis pas par la persécution, mais par la moindre aigreur. Point d'avantage plus équivoque. Il faut que cela vienne de quelque vice interne & inhérent: & ce vice, pour en dire mon avis après bien d'autres; c'est le manque de persuasion. On n'est point persuadé, & on ne le sera jamais, & il n'est pas possible qu'on le soit: tant que la voix des docteurs présentera sur le même pied que la vérité, des dogmes, dont le premier défaut est de n'être bons à rien; ensuite, plus révoltans qu'inutiles, & plus faux encore que révoltans. Ample matiere des *Protestations & des Déclarations*, que je ne cesserai de faire toute ma vie.

CCVIII.

Médecine & religion.

Si dans une grande ville on formoit trois hôpitaux, qui continssent chacun par exemple un milier de malades, de
tout

tout âge, de tout sexe, & de tout tempérament, & qu'on choisît pour le service de chaque hôpital des médecins qui fussent dans des maximes de théorie & de pratique fort oposées, les uns saignant beaucoup, d'autres point du tout, &c. S'il mouroit les dix-neuf vintiemes des malades dans chaque hôpital, ni plus ni moins, ne seroit-ce point une preuve que les trois sistèmes de médecine seroient aussi bons, ou pour mieux dire, aussi méchans les uns que les autres ? Mais si l'on formoit un quatrieme hôpital aussi nombreux, où les malades laissés à eux-mêmes ne fissent aucun remede, ne suivissent aucun régime, usassent même des alimens & des liqueurs les plus propres à déranger le tempérament d'un home sain, & que cependant il n'en mourût pas un plus grand nombre, ne seroit-ce pas alors le comble de l'évidence,

dence, que l'art des médecins du tems équivaudroit à une conduite très meurtriere? Une derniere expérience qu'il faudroit faire, seroit de rassembler dans un cinquieme hôpital un cinquieme milier de pauvres infirmes, à qui l'on se contenteroit de fournir des alimens simples, les abandonant d'ailleurs aux ressources de la nature. Ah! s'il en mouroit encore les dix-neuf vintiemes, il faudroit bien se persuader, qu'une fatalité irrésistible décideroit seule de la vie des homes; mais c'est ce qui n'ariveroit assurément pas. Cette expérience qui nous manque pour juger des promesses de la médecine, je dis de la médecine des corps, nous l'avons de reste pour juger des secours & de l'utilité de la médecine des ames. Jettons les yeux sur cette terre. Chaque état, chaque ville, chaque habitation, est une espece d'infirmerie, où sont rassemblés des malheureux, travail-

lés de toutes les maladies imaginables, les plus capables de tuer l'ame ou de la tenir dans une cruelle langueur. Contentons-nous de ce qui se passe dans notre Europe. J'y vois trois grands sistêmes de médecine en vogue. Rome, Genève & Ausbourg ont établi leurs principes en de grands pays, où on les met en œuvre avec tout le soin possible, & dans une parfaite tranquilité. Chacune vante l'excellence de sa pratique, & condane celle de ses rivales. Là dessus les déclamations ne finissent point. Jugeons sur les effets. Je prens une étendue de pays, contenant environ un milion d'ames, qui ayent doné leurs maux à guérir aux supôts de Rome; empiriques merveilleux qui débitent tant de remedes de toutes sortes, depuis les plus dificiles jusqu'aux plus aisés. J'en prens autant dans les districts de Genève & d'Ausbourg, dont les pratiques
font

font beaucoup plus simples. Auroit-on le front de me soutenir, qu'il y aura moins de brigandages sur les grands chemins ; moins d'assassinats dans les villes ; moins de friponeries entre les particuliers ; moins de supercheries chez le marchand ; moins d'injustices de la part des magistrats ; moins d'infidélités dans les mariages ; moins d'impudicités dans le célibat ; moins de débauche ; moins d'intempérance ; moins de querelles ; moins de haines ; moins de procès ; moins de médisances ; moins de calomnies ; moins d'orgueil ; moins d'ambition ; moins de luxe ; moins de cupidité ; moins d'avarice ; moins &c. dans l'un de ces districts, que dans chacun des deux autres ? Oh non ! De quelle importance est-il donc à la société, qu'on égorge les gens pour le maintien de l'un de ces partis plûtôt que de l'autre ? Maintenant rémontons aux tems du paganisme, soit dans l'Italie,

lie, soit dans la Grece. C'est là cette infirmerie, sans ordre, sans discipline, où les malades, bien loin d'être assujétis à quelque sorte de régime, ont l'usage libre de tout ce qu'il y a de plus contraire à leur santé. Sans métaphore, des Dieux exemples de tous les vices, au lieu que nous en avons un qui l'est de toutes les vertus. Avec cela, nombre de périodes qui font honte à notre siecle. . . . Il resteroit, que nous en tenant à la morale simple de Jesus-christ, supérieure sans contredit à celle des philosophes & des législateurs de quelque nation que ce puisse être, nous vissions un peu quel seroit l'effet.

CCIX.
Révolutions sans effet.

Quelle révolution, dans la sience du corps humain, que la découverte de la circulation du sang! On ne fait cela que

que depuis un siecle; & depuis qu'on le sait, come on l'a très bien remarqué, les maladies n'en sont, ni mieux gueries, ni moins fréquentes! Quelle révolution dans la société, que la substitution du christianisme, modele & encouragement de toutes les vertus, au paganisme, encouragement & modele de tous les vices! Les passions cependant font leur ravage, ni plus ni moins. Seroit-ce que la nature auroit un cours, qui se peut bien ralentir, ou précipiter, dans quelques ocasions particulieres; mais qui pris dans la totalité se maintient le même, fort à-peu-près, par voie de compensation?

CCX.

Prodige moral.

Que dans une ville, en chaque temple, la chaire tone, trois fois tous les dimanches, des vérités redoutables de la religion; ou qu'elle ne se fasse entendre

tendre que deux fois, ou seulement une fois; ou même que ce ne soit qu'en quinze jours, ou de mois en mois, qu'un pauvre prédicateur y vienne débiter la mâne des cieux très chétivement assaisonée; ou bien qu'on ignore absolument, come dans toute l'antiquité, l'usage de rassembler les peuples pour leur aprendre leurs devoirs & les motifs terribles de ces devoirs: qu'au lieu de cela on fasse retentir fréquemment à leurs oreilles, dans les temples & sur les théatres, les actions criminelles des Dieux avec éloge. Que les livres de morale & de piété se soient multipliés come de nos jours par l'impression, au point qu'il n'y ait si petit artisan qui n'en puisse avoir une biblioteque; ou qu'à peine s'en trouve-t-il dix dans une province; ou qu'on ne se soit pas même encore avisé d'écrire sur la morale, come avant Socrate, ou
plûtôt

plûtôt avant son disciple Platon. Chose inconcevable! Le train de la société est en gros à-peu-près le même; ou s'il a quelque légere diférence, il est visible qu'elle dépend d'un réglement de police de plus ou de moins. Donc nous devons négliger la religion & la morale. Qu'à Dieu ne plaise. Mais nous devons chercher la vraie cause de notre indigence au sein de toutes nos richesses, & tâcher d'y porter remede.

CCXI.

Question.

Un libertin, un scélérat, ne remplit aucun devoir extérieur de religion. (Par parentese, peu de libertins, mais combien de scélérats qui les remplissent!) Est-ce parcequ'un home ne remplit pas ces devoirs extérieurs, qu'il devient libertin ou scélérat? ou n'est-ce pas parcequ'il est l'un ou l'autre, qu'il qu'il va bien fans dire qu'il fe met au deffus de ces devoirs, avec autant & plus de facilité qu'au deffus des autres?

CCXII.
Emulation de vertu.

On difpute de l'utilité de la religion. Les uns qu'on nome *incrédules*, aidés du fait foutiennent que fans la religion on peut être très honête home, bon, jufte, fage, & tempérant; en un mot remplir tous les devoirs de la fociété, & qu'à le bien prendre ce que la religion y contribue, fi tant eft qu'elle y contribue, eft très peu de chofe. D'autres només *théologiens*, dont la charge eft de dire le contraire, acablent les premiers de plus d'injures que de raifons; forts par le droit; terraffés par le fait, à leur honte, & à celle, ma foi! de l'efpece humaine. Pour peu qu'on eût de pudeur fur le front, il y
auroit

auroit un beau moyen. Ce seroit de combatre à qui prouveroit mieux sa doctrine par sa conduite. O combien l'incrédulité seroit utile pour la religion! O combien la religion deviendroit utile, par l'incrédulité même! Point. On ne s'acorde qu'à disputer & à mal vivre. *Voilà ce que c'est que de n'avoir point de religion*, font dire perpétuellement les uns. *A quoi donc la religion sert-elle*, font dire aussi constamment les autres? Hé! quand se résoudront-ils à faire honeur à leurs pensées!... Mais, ô mon Dieu! quelle obligation je contracte moi-même! Je m'en réjouis; & j'en frissone. N'y a-t-il point de témérité pour un mortel?

CCXIII.

Erreurs utiles.

On dit qu'il est des erreurs utiles. Je n'en sai rien. Ce que je sai, c'est qu'en ce cas elles tiennent la place de quelques vérités qui certainement seroient plus utiles.

CCXIV.
Juifs & chrétiens.

La religion mosaïque pour un peuple grossier, la religion chrétienne pour un peuple spirituel; cela est de foi. Mais quelle est la grossiéreté de bien des peuples chrétiens? & quelle devoit donc être par conséquent celle des juifs? Etoient-ce bien des homes?

CCXV.
L'esprit judaïque & le philosophique.

Il n'a pas fait de même à toutes les nations, dit le juif. *Il est le bienfaiteur impartial de tout ce qu'il y a d'êtres, de chacun selon sa nature dont il tire le meilleur parti possible*, dit le philosophe. Le choix est-il dificile entre ces Dieux?

CCXVI.
Bornes du monde.

Je me trouve à mon aise dans un univers infini. Quand les bornes de l'être feroient à cent-mille-milions de milions de fois la distance de la terre aux étoiles fixes, j'étouferois dans une demeure si étroite; ou pour parler férieufement, je n'aurois qu'une idée trés mince d'un Dieu, dont les actes de puiffance & de bonté fe termineroient à fi peu de chofe.

CCXVII.
Alexandre & le philofophe.

L'ambition démefurée d'Alexandre lui fefoit trouver la terre trop petite pour fes conquêtes.

Æftuat infelix angufto limite mundi.

Les idées faines du philofophe font qu'il ne fe trouve à fon aife que dans un univers fans bornes. Je dis fes idées faines. Quant à l'ufage & aux conoiffances, c'eft autre chofe. A l'égard de ce que le philofophe en peut conoftre, la création feroit toujours trop vafte: plus encore qu'il n'étoit vafte, ce chétif globe, pour ce ver ambitieux qui foupiroit après les étoiles, quoiqu'il n'eût rampé que fur la vintieme partie, tout au plus, de cette boue que nous habitons.

CCXVIII.
Les Alcibiades.

Socrate montrant au jeune Alcibiade une carte générale de la terre telle qu'on en avoit alors, lui demanda où étoit l'Europe. La voici, dit le jeune home. Et la Grece? C'eft ici. Et l'Attique? Vous la voyez; c'eft ce petit efpace que je couvre presque du bout du doigt. Et vos riches poffeffions, je ne les vois point, reprit Socrate. Oh! c'eft trop peu de chofe pour qu'on ait pu les marquer ici! Trop peu de chofe, s'écria le fage philofophe; & cependant, préfomptueux jeune home, c'eft cela même qui t'énorgueillit fi fort! En vérité, quand j'y fais reflexion, il me femsemblé que pour peu que certains princes ou certains feigneurs ayent des idées analogiques en fait d'étendue, il faut que la terre leur paroiffe énorme en groffeur; ou bien il faudroit que leurs domaines leur paruffent prodigieufement petits, ce qui n'eft pas poffible. Il n'y a que pour des indigens, qui n'ont fur ce globe ni feu ni lieu, qu'il peut être agréable de ne le confidérer que come un atome qui voltige, & fe perd dans l'immenfité. Une idée fi jufte, du moins, leur procure la fatisfaction, de fe fentir un génie, fupérieur fans doute à ce que la matiere peut doner de prétendue grandeur, aux efprits dont elle eft l'unique mérite.

CCXIX.
Gratitude.

Si tout l'univers n'eft fait pour la terre, & toute la terre pour l'home; fi l'on ne croit fermement que la nation dont on est, est la nation favorisée ; si entre les sectes qui partagent la nation, ou la déchirent peut-être, on n'est précisément de la bone ; si l'on ne compte avec complaisance, non pas les graces qu'on a reçues de la bonté suprème, mais ce qu'on apelle des graces spéciales, des graces qu'elle ne fait point à tout le monde, des graces *uniques* ; les trois quarts des gens n'imaginent point lui devoir de reconoissance. Il n'y a que l'exception qui en demande, parcequ'il n'y a que l'exception qui soit grace. Tel est l'esprit général, tant du juif que du chrétien : & ce n'est pas là, selon moi, croire à la bonté de Dieu ; c'est croire à l'excellence de soi-même ; c'est l'orgueil le plus insensé qui fut jamais. Ah vraiment oui ! se persuader que dans ces globes que l'astronomie nous montre si semblables à notre terre, il y ait des créatures raisonables ;

objets,

objets, come nous, des soins de la Providence! „ Opinion dangereuse, pro-
„ pre à éteindre tout sentiment de gra-
„ titude envers le souverain être! L'ho-
„ me se perd dans cette multitude de
„ mondes; il ne se voit plus. „ Il ne se
voit plus: mais son Dieu l'y voit, &
le trouve aussi bien dans l'immensité
des êtres, que sous ce pavillon ridicule
dont vous le couvrez. * Cessez, pitoyables docteurs, de trahir la petitesse, & la bassesse de votre ame. Si
le vent ne soufle que pour la chétive
barque que vous montez; si ces gros
vaisseaux, & ces îles qui paroissent dans
le lointain, ne sont là que pour vous
servir de points de vue; si vous n'êtes
l'unique objet des complaisances divines, votre reconoissance vous échape.
Vous

* La prétendue voute des cieux, très ridicule en effet, si ce n'étoit qu'une voute, ou l'envelope de l'univers.

Vous ne le craindriez point des autres, si vous ne le sentiez de vous-mêmes. Et moi, ma reconoissance se fonde sur l'infinité, l'infinité actuelle, des êtres qui nagent avec moi dans un océan sans bornes; océan de graces & de bénédictions. *Un Dieu qui fait tout le bien possible à tous les êtres possibles;* voilà le Dieu que je puis aimer. Quelle gratitude me sentirois-je. . . . Quoi? Pour ce vieil enfant, que vous me peignez jouant avec sa petite boule qu'il tient sur trois doigts, & dont il fait plus de fracas que pour une immensité de productions? Eh! cela n'est digne que de mon mépris.

CCXX.
Monde matériel.

On demande pourquoi Dieu a créé des corps, êtres brutes qui ne conoissent & ne sentent rien, & à l'égard desquels il ne peut exercer le plus excellent de ses

atri-

atributs qui est la bonté. Les têtes sublimes de nos docteurs décident que ç'a été pour ofrir aux esprits créés un magnifique spectacle, qui leur donât de hautes idées de la puissance & de la sagesse du créateur. Un grave philosophe, qui feroit un château & de petites figures de cartes, pour s'atirer sérieusement l'admiration d'une troupe d'enfans, seroit-il plus ridicule? Mais ce n'est pas tout. Ce grand Dieu ne voulant point faire la dépense d'un monde infini, & sentant bien que pour une intelligence tant soit peu raisonable, un monde dès qu'il seroit d'étendue finie, ne paroîtroit qu'un chétif atôme, un ouvrage plus capable d'exciter le mépris que l'admiration, sentant, dis-je, tout cela, qu'a-t-il fait? Oh! il a rétréci les idées des esprits, ses spectateurs. Car il faut avouer que ce Dieu ne manque point de puissance, ni même d'habileté; non plus que de malice, le

terme

terme est propre. Il a donc rétréci les idées des spectateurs. Il en a fait de pauvres enfans presque stupides. Il les a asservis à un petit corps, qu'il a rendu fort considérable pour eux. De là sont venus les docteurs & leurs auditoires ; cerveaux à s'extasier de la distance de la terre à la lune, & à tomber en sincope à celle des étoiles fixes. Il ne laisse pourtant pas d'y avoir encore de ces esprits ainsi enfermés, dont l'intelligence en dépit du Dieu théologique perce tous les voiles, tous les obstacles, & rit de l'ouvrage, des spectateurs & de l'ouvrier.

Tout cela prouve, & que le monde est un ouvrage infini, & que toutes les substances qui le composent, sont, come l'a pensé Leibnitz, des unités susceptibles de sentiment. C'est le seul vrai monde digne du vrai Dieu.

CCXXI.

CCXXI.
Le sistème du meilleur.

„ Le sistème du meilleur ne peut être „ que la combinaison la plus parfaite & la „ plus excellente de tous les êtres possi- „ bles. „ Je dis de *tous :* il ne faut pas qu'il en manque un. Ce seroit mal-adresse ou impuissance de l'ouvrier, qui ne sauroit coment ajuster cet être à la masse des autres ; ou mauvaise volonté, ce qui est bien pis. Ainsi toutes les substances possibles existent : ou parceque le fond de tout ce qui est substance existe nécessairement ; ou parceque la bonté de la souveraine substance ne se refuse à pas une d'elles. Et toutes existent pour la félicité ; où elles parviennent les unes plûtôt, les autres plus tard, selon le diferent progrès de leurs mérites.

CCXXII.
De quoi fremir !

Qu'il est horrible de croire que l'infinie bonté

bonté a doné l'exiſtence à des légions innombrables d'êtres, qu'elle ſavoit devoir ſe rendre éternellement malheureux! Mais ce n'eſt pas là le comble de l'exécration. C'eſt d'ajouter qu'il y a une infinité d'infinités d'êtres poſſibles, qui pouroient exiſter & ſe rendre heureux, & qui n'exiſteront point; à qui la ſouveraine bonté ſe refuſera toujours; qu'elle verra toujours dans le néant ſans daigner les en tirer, quoiqu'elle ſache très bien qu'ils ſe rendroient heureux, s'ils parvenoient à l'exiſtence. Siſtème abominable! De qui? De la race preſqu'entiere des homes, qui profeſſent que Dieu ne peut créer tous les êtres poſſibles; que ce qui ſera créé ne ſera jamais qu'infiniment petit en comparaiſon de ce qui pouroit l'être; & que parmi les êtres que ſa bonté ſuprême aura réaliſés, il y en aura une effroyable quantité qu'elle

n'aura

n'aura réalisés que pour leur perte; le sachant; le voulant; il n'est pas besoin d'articuler, les y prédestinant. Ah! l'impiété n'est déjà que trop complete! Multitude imbécile qui croyez ces choses, vous êtes excusable: mais le sont-ils, ces docteurs, qui outragent à ce point l'idée sacrée du meilleur & du plus saint de tous les êtres!

CCXXIII.
La création de tout ce qui est possible.

Si Dieu a créé, dit-on, tout ce qu'il étoit possible de créer, il ne peut rien créer de nouveau. Il manque donc de puissance.

Réponse. D'abord je rétorque. Si Dieu sait tout, come on le dit, il ne peut donc rien savoir de nouveau. Manque-t-il pour cela de sagesse & de puissance?

Enfuite: ou la confervation eft une création continuée, ou elle ne l'eft pas. Si elle ne l'eft pas, Dieu ne peut donc plus créer ce qu'il a créé. Eft-ce manque de puiffance . . . que de ne pouvoir faire ce qui n'eft pas poffible? Mais fi la confervation eft une création continuée, Dieu qui a créé tout ce qui eft poffible, crée à chaque inftant de nouveau tout ce qui eft poffible. Se peut-il un plus grand exercice de la toute-puiffance? . . . La plaifante œconomie, pour le faire tout-puiffant de lui oter le pouvoir de tout faire, & de ne lui laiffer produire qu'un chétif atôme, un jouet d'enfant!

Enfin je diftingue. Ne pouvoir rien créer de nouveau eft manque de puiffance, quand il refte quelque chofe de poffible à faire qu'on ne peut pas faire; mais quand il ne refte rien, par la raifon que l'infinie puiffance a réalifé,

&

& réalife à chaque inftant, tout ce que l'infinie fageffe embraffe & conoît....
Quoi! en être encore à de pareilles dificultés!

CCXXIV.
Nature des chofes.

Dieu n'eft point le boureau de fes créatures même les plus fcélérates. Ce n'eft point non plus que l'impunité fuive le crime : mais c'eft qu'il eft dans la nature *non arbitraire* des chofes, que le mal phifique fuive le mal moral. Un Dieu apliqué à exciter des fenfations de douleur, de défefpoir, de rage, feroit un monftre & non un Dieu.

D'un autre côté, la bonté d'un Dieu, qui pouroit tenir fes créatures dans une extafe & des raviffemens perpétuels, & n'en fait rien, eft auffi monstrueufe, ou peu s'en faut. Mais fi ces torrens d'une volupté gratuite font des chimeres ; s'il eft dans la nature, & dans

dans la nature *non arbitraire* des chofes, que la félicité folide ne dérive que de la vertu, & que la vertu s'aquiere & ne fe done point; fi c'eft autant là l'effence même de l'être, qu'il eft de l'effence de *deux* de n'être pas *trois*....

Solution des dificultés les plus afreufes: folution entrevue, mais gâtée par Leibnitz & fes difciples; mieux traitée, quoique mal encore, par l'auteur des *quatorze Lettres:* * folution, qui maniée come elle doit l'être, fera le renverfement de la théologie vulgaire, & de l'athéifme dont le fiecle eft infecté.

Tros Rutulusve fuat, nullo difcrimine habebo.

CCXXV.

Le Dieu des théologiens.

Quelle idée prendre d'un être qui me fait une vaine montre de fa puiffance

---

* Mlle. Hubert, auteur de *la Religion effentielle à l'home.*

sance & un mistere impénétrable de sa bonté ?

CCXXVI.
Religion & théologie.

La théologie parle de religion, mais n'est pas la religion. Ne confondons rien. Que celle-ci nous soit toujours sacrée. Mais secouons le joug de celle-là; c'est le fléau du genre humain.*

CCXXVII.
Langage théologique.

Le alchimistes ont un langage que persone n'entend, & qu'ils n'entendent sûrement pas eux-mêmes, quoiqu'ils n'en fassent point l'aveu. Ce n'est pas que les termes en soient barbares, ni fort extraordinaires; ce sont au contraire les mots de la langue les plus comuns.

* Quand le mot de religion se trouve pris en mauvaise part, c'est toujours son abus, toujours la théologie, qu'il faut entendre.

comuns. Mais c'eſt qu'ils ſupoſent à ces mots des ſignifications qu'ils n'ont point dans l'uſage, ſoit au ſens propre, ſoit au ſens métaphorique. Certains théologiens reſſemblent fort à ces gens-là; (choſe admirable! à la bone foi près qu'ils ont d'avouer qu'ils n'entendent pas eux-mêmes leur langage, & que perſone ne peut l'entendre.) Je ne ſai quel Dieu dont ils parlent ſans ceſſe, eſt la chimere ou le grand œuvre de leur imagination. Ils en diſent merveilles. Il eſt tout bon, tout ſage, tout juſte, tout miſéricordieux. Mais ils avertiſſent que ces mots *bon, juſte, ſage, miſéricordieux*, ont une ſignification qui n'a aucune analogie ou reſſemblance avec la ſignification qu'on a coutume de leur doner. Ainſi par exemple, condaner à des ſoufrances éternelles des milions de milions d'inocens, ou de malheureux qui n'ont pas même conu

conu leur crime, s'ils en ont, s'apelleroit en françois vulgaire une exécrable injuſtice, une méchanceté diabolique: en langage théologique ce peut être juſtice & bonté pure, ſi Dieu le veut; & il a pu le vouloir, & l'a même voulu, ſelon quelques-uns, diſons mieux, ſelon le plus grand nombre. Laiſſons un tel Dieu pour ce qu'il eſt; c'eſt le ſeul parti qu'il y ait à prendre. Si quelqu'un venoit me dire, qu'il a trouvé un pays charmant, où les homes ſont d'un comerce aimable, vivent ſous les loix les plus douces, jouiſſent dans d'agréables demeures de mille plaiſirs & de mille comodités, qu'ils partagent ſans peine avec les étrangers come avec leurs concitoyens; & que là deſſus il me preſſât de l'y acompagner: le ferois-je, s'il me donoit à entendre en même tems que les termes dont il ſe ſert ont une toute autre ſignification que l'acoutumée, & que même il s'agit au fond de déserts afreux, & de tigres qui les habitent ? Daignerois-je suivre, ou écouter seulement cet insensé ?

CCXXVIII.

Mexicains.

Les mexicains avoient une idole monstrueuse devant laquelle ils immoloient fréquemment des hommes. C'est de même depuis lontems en Europe. Quelle idée plus monstrueuse, que celle que la plûpart des théologiens nous donent de la divinité ! Et combien d'homes, ô ciel ! n'ont-ils pas immolés à ce fantôme hideux !

CCXXIX.

Puissance & liberté.

Les homes n'ambitionent rien tant que la puissance de faire tout ce qui leur plaît, & la liberté d'agir à leur fantaisie. C'est cette manie injuste & criminelle qui a produit de tous tems les tirans

rans & les usurpateurs. Les payens qui transportoient à leurs Dieux leurs vices & leurs passions, n'avoient pas manqué de les suposer tels qu'ils auroient eux-mêmes souhaité d'être. On a remarqué que la force, la souplesse & l'agilité, étoient les grands atributs des Dieux d'Homere, parceque dans son siecle demi-sauvage c'étoient les qualités dont on fesoit le plus de cas. Envain les idées se sont épurées. La liberté & la puissance, pour excessives qu'on les ait suposées, ont conservé leur prix, & un prix d'autant plus haut qu'on les a suposées excessives, indépendantes des loix & de la raison. De ce principe enraciné dans le cœur de l'home, il arive qu'aujourd'hui même on n'a presque point d'autre idée de Dieu, que d'un être qui a une puissance, & une liberté que rien ne limite. Cependant un pareil être seroit le plus abominable des tirans. Aussi cette fausse idée est-elle l'origine des superstitions les plus cruelles, & de tout ce qu'on atribue d'odieux à la divinité. On en est si frapé, de cette idée si fausse & si injurieuse, qu'on soufre d'entendre dire que Dieu *ne peut* pas créer un être actuellement malheureux, damner un inocent, faire que deux & trois ne fassent pas cinq, ou qu'un cercle ne soit pas rond. De grands philosophes, Descartes, qui le croiroit! ont doné dans ce travers, de se figurer que tout cela n'est point impossible à l'infinie puissance de Dieu, & à la liberté sans bornes dont il jouit, de faire ce qu'il lui plaît & de la maniere qu'il lui plaît. Doit-on s'étoner si des théologiens renchérissent sur l'extravagance des philosophes, come les philosophes sur celle des peuples?

CCXXX.

CCXXX.
Indépendance de Dieu mal entendue.

L'indépendance, la liberté, come on l'entend ordinairement, & telle qu'on a le front de l'atribuer à Dieu, n'eſt que la diſcordance générale de tous ſes atributs. *C'eſt la faculté de n'être bon, juſte & ſage, qu'autant qu'il le veut bien, & le pouvoir même de ne le vouloir pas toujours.* Ou ce qui eſt très comode, & en effet la ſouveraine idée de l'indépendance: *c'eſt la faculté d'être bon, juſte & ſage infiniment, quoi qu'il faſſe;* qu'il crée, ou qu'il ne crée point; qu'il crée cinq ou ſix êtres, une petite boule qui joue dans l'immenſité, ou tout ce qu'il y a d'êtres poſſibles; qu'il les crée tous ſaints & heureux, ou qu'il les deſtine ſans exception à des miſeres éternelles; &c. Ce que Dieu aura voulu, ſera toujours le bon, le meilleur, non parcequ'il eſt tel, mais parceque Dieu l'aura l'aura voulu. . . . . Non! je n'ai point assez de poumons pour crier anathème à cette doctrine, autant que ce coeur le crie.

CCXXXI.
Equilibre des atributs divins.

Pourquoi ne regarder Dieu que come l'être infiniment puissant, & de là prendre ocasion de lui attribuer, non seulement des caprices & des bizareries ridicules, mais encore des injustices & des cruautés criantes? Pour un seul atribut dans la divinité, qui paroit tendre à la tiranie & au despotisme, il y en a une infinité qui tendent à la douceur, à l'ordre, à l'harmonie, & desquels il résulte un équilibre parfait qui n'est autre que la sagesse suprème, dont le but ne peut être que le sistème du meilleur exécuté par les voyes les plus efficaces & les plus douces.

ces. * Quoi ? Dieu n'est-il donc qu'infiniment puissant ? N'est-il pas encore infiniment juste, infiniment bon, infiniment immuable, infiniment sage, infiniment intelligent, &c. Or tous ces diférens atributs modifient & restraignent, pour ainsi dire, sa puissance, d'une infinité de manieres. L'intelligence infinie l'empéche d'admettre les contradictoires ; l'infinie bonté de créer des malheureux ; l'infinie justice de punir des inocens, de recompenser des coupables, & d'être partial dans la distribution des biens & des maux. L'infinie sagesse ne lui laisse de liberté que pour le plus parfait ; & l'immutabilité, toujours pour le fond semblable à elle-même, étoufe les desseins temporels, & ne laisse de lieu qu'aux éternels.

Ainsi

* *Disponens omnia fortiter & suaviter*, est-il dit de la Sagesse dans le livre qui en porte le titre.

Ainsi de tous les atributs c'est à la puissance qu'on devroit faire le moins d'atention. Car elle est modifiée par toutes les autres perfections divines, & n'en modifie aucune. Au contraire elle semble n'être que *l'administre comune* de toutes les autres : elle ne marche qu'à leur suite. Pour peu qu'on médite avec atention ce que c'est que *le meilleur des êtres*, on voit que cet être infiniment aimable qu'on apelle *Dieu*, n'est pas puissant pour être puissant, mais pour être bon, juste, sage, dans la réalité ; puisque sa toute-puissance n'a lieu, qu'autant que ses effets sont réglés, déterminés, dictés par chacun de ces atributs.

CCXXXII.
Théocratie.

Il n'y a point de gouvernement, plus absolu, & moins despotique, que celui par lequel Dieu dirige cet univers.

Plus

Plus absolu. Sa volonté seule y fait la loi. Moins despotique. Cette même volonté n'a rien d'arbitraire, essentiellement reglée qu'elle est sur le meilleur & le plus sage, à l'avantage infini de tous les êtres. Point de prédilection, que pour le mérite aquis. Point de passedroits. Point de favoris enfans du caprice. Point de malheureux, sacrifiés fût-ce même au bien du tout. Point de disgraces, que pour la punition du crime; punition, disgraces toujours tempérées par la miséricorde. O que c'est bien d'un tel maître qu'on doit s'écrier; ,,Venez, & goutez. Que le ,,Seigneur est doux!,,

CCXXXIII.
Union hipostatique.

Quand les trois persones de la trinité s'uniroient à moi, au lieu qu'il n'y en a qu'une qui se soit unie à Christ, je n'en serois pas plus satisfait, tant qu'il y auroit des malheureux dans le monde, *s'il étoit poſſible qu'il n'y en eût point.* Je ne tiendrois compte d'une faveur qui n'auroit point de raiſon. J'enviſagerois toujours la miſere à laquelle un autre caprice m'auroit pu prédeſtiner.

CCXXXIV.
Grand Dieu & bon Dieu.

Il y a une façon populaire de parler de Dieu, que j'aime beaucoup, plûtôt par le ſentiment qu'elle ſupoſe, que par la juſteſſe des aplications particulieres. ,,C'eſt le *bon Dieu* qui a fait ceci : c'eſt ,,le *bon Dieu* qui a fait cela.,, Le *grand Dieu* des orateurs n'eſt pas ſi beau.

CCXXXV.
Infinie bonté.

Il ſemble, à entendre certains théologiens, que Dieu ſera toujours aſſez bon, pour être apelé infiniment bon, dès lors qu'il ne ſera pas à ſes chétives

‑ves créatures tout le mal qu'il peut leur faire. C'est une bonté de grand seigneur, disons mieux, une bonté de brigand, à qui on a toutes les obligations du monde, quand les mauvais traitemens ne sont pas extrêmes.

CCXXXVI.
Bonté active.

La véritable bonté, celle qui consiste dans un désir sincere de faire des heureux, n'est jamais jointe à la puissance d'en faire, sans être à l'instant même réduite à l'acte.

CCXXXVII.
Essence de la bonté.

La bonté a un raport essentiel & nécessaire à des êtres capables d'être rendus heureux ; elle ne peut subsister sans ce raport. Dieu par conséquent ne pouroit être bon, s'il n'y avoit des êtres capables de ressentir qu'il est bon. Une bonté idéale n'a raport

qu'à des êtres idéaux. Une bonté actuelle a raport à des êtres actuels. Quoi? Dieu n'a-t-il été bon pendant une éternité que d'une bonté idéale, d'une bonté pareſſeuſe, d'une bonté chimérique, d'une bonté qui n'eſt pas bonté? Imaginez donc ce Dieu les bras croiſés que ſon infinie bonté ne ſolicite à rien! Le plus excellent de ſes atributs! Oh mais il n'y a point d'êtres qui ayent beſoin de rien. Faux. Ou d'être eſt un bien, ou ce n'eſt pas un bien. Si ce n'eſt pas un bien, il n'a pas falu créer. Si c'eſt un bien, il a falu créer, & créer tout ce qu'il eſt poſſible de créer, & le créer dans l'état le plus heureux qu'il fût poſſible de le créer. La vraie bonté ne va-t-elle pas au devant des déſirs, au devant des beſoins, au devant même de l'exiſtence? Ah que tous ceux qui ont prononcé les mots *de bonté, d'infinie bonté,*
ont

ont été loin de comprendre ce qu'ils difoient!

CCXXXVIII.
Excellence de la nature divine.

Que l'on peut dire avec incomparablement plus de raifon de l'excellence de la nature divine, où la volonté infinie de faire des heureux fe trouve jointe à la puiffance fans bornes de fatisfaire toute l'étendue de fes defirs, ce que Cicéron difoit autrefois à Céfar. „ *Nihil habet, nec fortuna tua majus* „ *quam ut poffis, nec natura tua melius* „ *quam ut velis, confervare quam plurimos.* „ Oraifon pour Ligarius.

CCXXXIX.
Félicité de Dieu.

La bonté eft une difpofition du cœur qui fait trouver du plaifir & de la fatisfaction à faire des heureux. Ainfi en Dieu l'infinie bonté doit être une difpofition infinie, qui lui fait trouver un
plaifir

plaisir & une satisfaction sans bornes, à rendre heureux des êtres susceptibles de bonheur. Ce penchant infiniment violent de la nature divine à faire des heureux, bien loin de troubler le moins du monde sa félicité parfaite, n'est capable que de l'augmenter. J'ose dire plus. Elle en est la base & la seule vraie base. Car un être dont la félicité consisteroit à s'admirer lui-même, & à se panader de sa gloire, ne me paroît *qu'un fat depuis l'home jusqu'au Dieu*. C'est pourtant la noble ocupation qu'on done à l'être suprême pendant une éternelle solitude, & depuis même encore indépendament de la compagnie. Selon moi, Dieu est heureux, l'a toujours été & le sera toujours ; parcequ'il est essentiel à sa nature de faire des infinités d'heureux ; parceque la puissance est toujours prête en lui à réaliser les désirs sinceres, que la bonté forme en faveur

des

des êtres.... Mais le fait, ô bon Dieu! Est-ce bien un de ces mortels, qui languiſſent dans les maux de la vie, eſt-ce un home qui tient une pareille doctrine?.... Oui, parceque ce mortel, ſans ſe piquer d'être plus heureux qu'un autre, ni plus malheureux, perſuadé même avec bien d'autres, qu'en cette vie la ſome des maux eſt plus grande de beaucoup que celle des biens,

(Et nos cruels chagrins, & nos foibles plaiſirs!)

ce mortel néamoins croit avoir la ſolution de la dificulté. Il l'a, il l'a du moins pour ſon propre cœur; & il en ſemera les germes précieux dans ſes ouvrages, juſqu'à ce qu'il ſoit tems de les recueillir dans leur juſte maturité.

[Qu'il eſt étrange que cette penſée ait beſoin d'apologie! Je ne puis me diſpenſer ici de répondre à une cenſure très grave, quoique j'aie gardé le ſilence ſur beau-

beaucoup d'autres où je laisse au tems à me justifier.

L'expression distinguée cy-dessus en italique, *un fat depuis l'home jusqu'au Dieu*, a soulevé bien des gens contre moi. On a dit & entendu dire mille fois, sans scrupule come sans scandale, en s'élevant contre de fausses idées de Dieu, *un Dieu cruel, un Dieu monstrueux, un Dieu bizare, un Dieu ridicule, un Dieu infâme, &c:* mais on ne se rapelle pas que persone ait lié l'idée d'un Dieu à celle de fat; il n'en a pas falu davantage pour faire jetter les hauts cris de bone ou de mauvaise foi. Quantité de gens à qui j'ai représenté l'usage de dire, même en chaire, *un Dieu cruel, faire Dieu cruel, Dieu seroit cruel, si &c.* m'ont répondu sérieusement, qu'il y avoit une extrème diférence entre la *cruauté* & la *fatuité*, & qu'il étoit sans contredit moins révoltant de lier la premiere à l'idée de Dieu que la seconde. Est-il possible? Hélas! oui. Et que c'est bien là le fond du cœur humain, ivre du fol amour de cette puissance absolue, & arbitraire, sans laquelle il n'y a point d'exercice de la cruauté! Pour moi je tiens tous les vices également incompatibles avec l'idée de Dieu; mais s'il y avoit de l'inégalité, je tiendrois pour plus incompatibles la cruauté & la malice. D'ailleurs que répondre à l'usage constant, qui permet de dire *un Dieu bizare, un Dieu infâme &c.*? Y a-t-il là de la noblesse & de la grandeur, come on en imagine à torturer des misérables? Devois-je donc m'atendre qu'on crieroit au blasphème sur une pensée telle que celle-ci, pleine des sentimens de la plus tendre piété; suivie & précédée de quantité d'autres de même nature? Mais c'est qu'on ne me pardone pas, de présenter un Dieu plus aimable

mable que celui dont on a l'idée, ou que celui qu'on prêche. Il faut tout empoisoner. Il faut même raporter infidellement mes expressions. ,,Quelle horreur! ,, *Un fat depuis l'home jusqu'à Dieu!*,, Eh, Messieurs, il n'y a pas cela. Quand cela y seroit, le mal ne seroit pas grand, puisque la phrase est toute relative à une erreur contre laquelle je m'éleve. Mais il n'y a pas cela. Il y a *jusqu'au Dieu*, ,,Point! point! il y a *jusqu'à Dieu*.,, Enfin on le sait mieux que moi, & mes amis. On dispute une demi-heure; & lorsque l'ouverture du livre nous done gain de cause, ... ,,Oh! cela revient ,, au même!,, Pourquoi insistiez-vous donc si fort si cela revient au même? Double poid, double mesure; témoignage de mauvaise volonté. Mais cela ne revient point au même. *Jusqu'à Dieu* présenteroit effectivement l'idée de Dieu; ce qui seroit dur. *Jusqu'au Dieu* ne présen-

présente qu'une fausse idée de Dieu. La vôtre, si vous voulez, Messieurs; mais ce n'est pas la mienne.

Je sais, par moi-même, & par mes amis, bien des exemples de cette scene ; & le pis est que plusieurs honêtes gens n'en ont pas moins continué à répandre leurs injustes imputations sur le même pied.... *Je retrancherois la cause du scandale*, me disoit un home dont le mérite & la vertu me sont bien chers. Eh ! ne voyez-vous pas que qui veut se scandaliser, se scandalisera toujours, *même à tout hazard*. Il faudroit qu'un ami de la vérité n'ouvrît pas la bouche. La justice, la raison, veulent qu'on repousse avec vigueur de pareils traits, quand on le peut. Utile, très utile leçon pour le genre humain !]

CCXL.

Mesures mal prises.

La divinité, qu'on admet dans le sistème des choses pour rendre tout intelligitelligible, devient par les fausses notions qu'on en done, la piece la moins intelligible, & la plus embarassante de tout le sistème.

CCXLI.
Le plus important de tous les principes, & le plus négligé.

L'hipothese de l'existence de Dieu ne doit point renfermer de plus grandes incompréhensibilités, ni même d'aussi grandes, que l'hipothese contraire.

CCXLII.
Antropomorphisme.

Il faut bien qu'il y ait toujours de l'antropomorphisme dans les idées que nous avons de Dieu puisque nous somes faits à son image.

CCXLIII.
Image de Dieu, image de l'home.

Dieu nous fit à son image: nous ne lui rendons que trop la pareille, en le fesant fefant à la nôtre. Admirateurs infenfés d'un pouvoir fans bornes que nous ambitionerions pour nous-mêmes, nous ne croyons pas concevoir bien un Dieu, s'il ne peut jusqu'à l'impoffible. Curieux de l'avenir, autant que nous le fomes, nous n'avons garde de ne lui pas doner une préfcience abfolue, quand ce feroit le bouleverfement de la religion & de la morale. Glorieux & vains, nous voulons qu'il n'ait rien fait que pour fa gloire, & lui fouhaitons férieufement, come un avantage fort merveilleux, que fon nom foit célebre dans nos affemblées. Vindicatifs & cruels, c'eft à lui qu'apartient la vangeance, & il la fera. Indiférens pour tout ce qui n'eft pas nous-mêmes, Dieu fe fufit au point que l'exiftence ou la non-exiftence, le bonheur ou le malheur de ce qu'il y a d'êtres poffibles, infinis en nombre, ne l'intereffe en quoi que ce foit. Ennemis de la raifon,

son, & vils esclaves de nos caprices, oh! ce seroit rendre Dieu dépendant que de croire que sa volonté se dût régler sur le meilleur & le plus sage, & ne pas régler elle-même le meilleur & le plus sage par le choix où elle se fixe. Indolens & pareffeux, nous alons nous figurer que l'emploi de sa toute-puiffance lui coute. Nous lui fefons le compliment que sa grace est victorieuse quand il lui plaît; qu'il ne tiendroit qu'à elle de rendre tout faint, tout heureux; mais que sa fageffe est louable de ne point faire une dépense de graces trop abondante. Cœurs injuftes & tiraniques, portés, si nous l'osions, à ne reconoître de droit que notre bon plaisir, c'est l'espece de juftice que nous mettons en Dieu. Envieux & jaloux, ce coup de pinceau manqueroit-il à la reffemblance? Enfin nous ne fongeons à mettre fur cette
masse

masse énorme de vices ou de contradictions, quelque dose, hélas! d'une bonté presque nominale, que quand nous nous rapelons que ce n'est pas de nous qu'il s'agit, mais du maître qui nous gouverne. O homes, quoique du même limon que vous, je me sens un autre cœur! Si votre Dieu vous ressemble, soufrez que le mien me ressemble un peu. Ah! qu'il ne soit point inférieur à un chetif mortel! Je ne voudrois point de la toute-puissance pour n'être qu'un tiran, ni de la divinité pour ne faire que ce que vous atribuez à Dieu. Eh que me serviroit la divinité? Je rougirois de ce rang suprème, s'il restraignoit mes inclinations bienfesantes. Je détesterois ma sagesse, si elle aloit à me persuader qu'il n'est pas à propos que tout soit saint, quoique la chose fût très possible. Un Dieu peut-il faire un Dieu de ce qui n'est pas Dieu? Je

ferois Dieu tout ce qui n'eſt pas Dieu ?
Je m'unirois hipoſtatiquement, come
vous dites, à chaque être & à tous les
êtres. Je les rendrois mes égaux, &
s'il en étoit beſoin, j'oublirois que je
l'aurois fait. La choſe dont ma divinité ſe paſſeroit le mieux, ce ſeroit
d'encens & d'adorations. N'eſt-il pas
poſſible de faire des Dieux ? Je ferois
des heureux. Eſt-il contradictoire que
des êtres ſoient heureux s'ils ne ſont
ſaints & juſtes ? Pour le plus ſûr je les
rendrois moi-même ſaints & juſtes.
Mais cela même eſt-il encore contradictoire, en ce que ce ſeroit faire leurs
actions, les actions d'êtres libres ; ce
qui eſt abſurde ? Au moins j'influerois
de la grace la plus abondante, & la plus
univerſelle, & tiendrois à chaque in-
ſtant la diſpoſition des choſes la plus fa-
vorable qu'il ſeroit poſſible. En chaque cas, le parti le meilleur ; je n'en

conoi-

conoitrois point d'autres. Ah! je sens que malgré cette nature bienfesante je serois pourtant un Dieu terrible & jaloux. Oui, pour ces docteurs qui substituent à l'idée du vrai Dieu des Dieux monstrueux, après lesquels ils vous égarent. Le soufle de ma colere les dévoreroit come la paille, & renverseroit, abîmeroit le temple & les idoles.... Que dis-je?... Je garde mal le caractere de ma divinité. ●'home perce: me voilà home; me voilà tout semblable à vous & à vos Dieux; un ange exterminateur. Pourquoi les perdre, ces prêtres imposteurs & cruels? Ne vaudroit-il pas mieux employer mon pouvoir divin à leur changer le cœur par l'efficace de la grace, si l'efficace de la grace va jusques là? ne blesser que pour guérir? ne châtier que pour rendre meilleur? anéantir enfin, ou plûtôt ne point créer, s'il étoit des êtres que ni châtimens ni graces ne fussent capables de rendre meilleurs?

O mon Dieu, ce n'est qu'un foible crayon de l'excellence que je reconois en vous. Vous êtes la principale, & en un sens l'unique source de tout le bien qui se trouve, & se trouvera jamais, dans un monde infini en étendue come en durée. Vous y entretenez à chaque instant la meilleure disposition que la liberté essentielle des êtres, & leur malice, peuvent comporter. Vous n'influez en rien aux désordres vraiment desordres, aux maux vraiment maux, qui ont troublé & corompu la masse: mais vous dirigez tout, de la maniere la plus rapide qui soit possible, au plus grand avantage de tous les êtres. C'est ce que je professe, non de bouche, ou par un langage contradictoire, mais avec la persuasion de l'esprit la plus fixe, & la sensibilité du cœur

la

la plus complete & la plus vive, dont un fils des homes soit susceptible.

CCXLIV.
Vœux.

Tâché-je, ô mon cher d'Arnaud,* de justifier ce bel éloge que vous crûtes pouvoir faire de moi, il y a déja près de douze ans?

Son cœur est le flambeau dont son esprit s'éclaire.

Oui; c'est là le fond de mon ame. Vous l'avez merveilleusement saisi. Puissiez-vous n'avoir pas présumé moins juste de mes forces, que du principe qui les dirige! C'est en ces termes, & sur ce ton si noble, que votre muse bien jeune encore, trop hardie sans doute à concevoir de hautes espérances sur les premiers succès d'un ami, osoit m'animer dès lors.

„D'au-

* Cette pensée ne se doit lire qu'à la suite de la précédente.

,, D'autres dans leurs écrits, assemblage bizare,
,, De détours captieux où la raison s'égare,
,, Cherchant la vérité qui sans cesse les fuit,
,, De l'humaine nature épaississent la nuit.
,, Ils en font le roman : toi, fais-nous en l'histoire.
,, Par de surs argumens force l'esprit à croire.
,, Dévelope à la fois la cause & les effets :
,, De chaque être saisis les principes secrets,
,, Leurs changemens divers, leur liaison intime.
,, Entre dans l'home-même, & sondes-en l'abime.

Quelle maturité de votre part, au dessous de vingt ans, de tenir ce langage à un jeune-home de vingt-six! C'est bien le moins que j'essaie à remplir la tâche. J'y ferai mes efforts : je ne puis promettre autre chose. Soufrez que j'instruise ici lepublic, mon cher Ami, d'un trait qui vous fait honeur ; de cette aimable sensibilité que vous me témoignâtes,

il

Il y a quelques mois, quand nous revoyant après tant d'anées, je vous apris coment votre beau poëme* avoit atiré sur moi l'atention

* Ce poëme intitulé *l'Amour de la Philosophie*, me fut adressé à Paris en 1742, & fut imprimé au comencement de l'anée suivante, chose à remarquer avec aprobation du censeur public (M. Crébillon le pere,) & permission du magistrat de la police. J'étois jeune, sans apui, sans fortune, n'ayant pour moi que mon zele & l'éclat naissant de mes services. Cela peut excuser M. d'Arnaud de m'avoir doné des louanges bien fortes, & moi de les avoir reçues. Je m'étois mis sur un théatre, où pensant aussi librement que je pense, pour peu qu'au milieu d'une ville come Paris je me fusse conduit avec moins de prudence dans les assemblées nombreuses qui m'écoutoient, il m'étoit facile de m'atirer quelqu'une de ces disgraces honorables qui done souvent bien de la célébrité à un mérite médiocre. La bone volunté de mes en-

tion de plus d'un Mécenes, au fort de ma mauvaise fortune. *Vous me ravissez, me dites-vous, avec un atendrissement marqué! Aider le mérite malheureux, c'est le plus beau prix que je désirasse à tous mes vers!* Et que n'ajoutâtes-vous point?

CCXLV.

ennemis n'y manquoit point ; mais la modération dont j'usois s'y refusa. J'aimai mieux céder doucement à l'orage, quand les conjonctures le demanderent. (Voyez mes Mémoires imprimés à la Haye 1749.) Lorsque M. d'Arnaud fit réimprimer son poëme dans le recueil de ses *Oeuvres*, il changea le titre en celui d'*Eleve de la Philosophie*. Il déplore dans un petit avertissement l'injustice de la fortune qui m'avoit contraint de quiter ma patrie ; & pourlors il m'avoit tellement perdu de vue, qu'il me qualifie de *Professeur en théologie à Bâle*. J'ai professé sept ou huit ans dans Paris ; j'ai séjourné trois ans à Bâle, & écrit sur des matieres de théologie. Une obscure renomée avoit confondu tout cela.

CCXLV.

Aux gens de bien,
de quelque secte que ce puisse être.

Quand je vois dans des erreurs grosfieres, dans des sentimens même que je ne puis m'empêcher de tenir pour plus injurieux à la divinité que l'idolâtrie & l'athéisme, des persones d'ailleurs de mœurs saintes & irreprochables; hélas! me dis-je, seroit-ce donc peu de chose que la conoissance de la vérité, puisque ces ames inocentes en sont privées! Un mot de Pope me vient alors dans la pensée, pris en un sens plus étendu, mais qu'assurément ce grand home ne désavoûroit pas. „Quelquefois la „vertu meurt de faim, dit-il, tandis „que le vice regorge de biens. Que s'en„suit-il? Le pain est-il la récompense „de la vertu? Le vice peut l'aquérir. „C'est le prix du travail. Le scélérat le „mérite, lorsqu'il laboure la terre.„ La vérité, la vérité elle-même, est-elle la récompense de la vertu ? Le vice peut l'aquérir. C'est le prix de la réflexion. Le scélérat la mérite par l'aplication de son esprit, & n'en devient souvent que plus scélérat. Cœurs vertueux, votre récompense est votre vertu même.

CCXLVI.
La trinité philosophique.

Les trois principaux atributs de la divinité, relativement à nous, sont, la *puissance*, la *sagesse*, & la *bonté*.

La puissance a créé le monde.

La sagesse l'a ordoné de la maniere la plus parfaite.

La bonté a dirigé tout au bien, & au souverain bien des créatures.

Trois atributs distincts, & qui ne font qu'un seul même être. Voilà la trinité métaphisique des philosophes : mais on n'y voit point que la puissance ait engendré la sagesse, & que de l'une

& de l'autre soit procédée la bonté. La puissance n'a pas même une priorité de conception. Cet ordre, *puissance, sagesse, bonté*, est celui de la gradation du moindre au plus exquis. Dans le véritable ordre, c'est la bonté qui a désiré de faire des heureux; la sagesse en a pris les plus surs moyens; & la puissance, humble & soumise, a exécuté ce qu'on lui a prescrit. Elle ne vient qu'à la suite, come le moins-excellent des atributs. Un Dieu qui ne seroit que bon, seroit encore adorable, parceque nous lui devrions savoir gré des intentions. Un Dieu qui n'auroit qu'une souveraine sagesse, ne seroit point aimable. Un Dieu qui ne seroit que puissant!... Que seroit-ce, qu'un objet d'horreur?

CCXLVII.
Principe d'ortodoxie.

L'home ayant péché, c'étoit fait de l'espece

l'espece humaine; elle ne pouvoit éviter la danation, s'il n'y eût eu, non pas trois absolument, mais pour le moins deux persones en Dieu. Voici pourquoi. L'ofensé étant infini, l'ofense l'étoit, & elle demandoit parconséquent un réparateur infini. Point de tel réparateur, s'il n'y eût eu, ou deux Dieux, ce qui n'est pas possible, ou deux diférentes persones en un seul Dieu, dont l'une fût en état de satisfaire à l'autre.

Messieurs les ortodoxes, ne m'anathématisez point, je vous suplie; mais, au nom de Dieu, levez-moi cette efroyable dificulté. Le fils fut-il, ou ne fut-il pas ofensé par le péché d'Adam? S'il fut ofensé, il s'est donc apaisé de lui-même, & sans qu'il fût besoin de satisfaction. Il est donc faux qu'un Dieu ne puisse s'apaiser sans satisfaction, & sans une satisfaction infinie. Est-ce que

que le pere feroit d'une humeur plus dificile?.... Il refte que vous difiez que le fils n'avoit point été ofenfé. En auriez vous le front? En vérité vous nous donez de Dieu le pere une étrange idée, foit qu'il fe fâche quand les autres ne fe fâchent point, foit qu'il ne s'apaife point quand les autres s'apaifent. Car le faint efprit eft dans le cas du fils, ou de ne s'être point ofenfé, ou de s'être apaifé de lui-même, puisque ce n'eft point à lui que le fils a fatisfait.

Matiere de plufieurs gros volumes, que je crains fort qui ne foient plus remplis d'invectives que de raifons. Penfons-y néamoins, & penfons-y très férieufement. C'eft ici le germe de plufieurs réflexions d'une conféquence infinie, que je propoferai, quand il en fera tems, avec la candeur d'un fincere sincere ami de la vérité. * Je ne prononce point; je ne me décide point; mais c'est bien le moins que je puisse prétendre, qu'on ait la complaisance de me suivre dans des routes aussi nouvelles..... Ne sont-elles point nouvelles? Quelle honte pour le genre humain! Je ne sai si l'on m'entend.

CCXLVIII.

Levain dans le cœur.

Est-ce donc qu'à force de parler de théologie & sur les théologiens, un peu de levain théologique se seroit glissé dans mon cœur? mais j'y sens depuis plus d'une anée ** un travers qui me deplaît: j'ai beau m'élever contre; il prend le dessus en dépit de tous mes efforts.

* Dans les *Protestations & Déclarations philosophiques?*

** Il faut remarquer que la premiere édition de cet Ouvrage est de la fin de juillet 1754.

efforts. C'est au sujet de la querelle des parlemens de France & du clergé. Je suis ce qu'on apelle convaincu, que le clergé est dans son droit: que la conduite des parlemens n'est qu'une afaire de pique; qu'ils se mêlent de ce qui ne les concerne point; qu'après avoir moli où ils devoient tenir ferme, ils s'opinâtrent à l'heure qu'il est en des matieres qui ne sont point de leur ressort; que cependant leurs procédés ne vont pas moins qu'à aigrir l'esprit des peuples contre un sage gouvernement, & à diminuer s'il étoit possible, ce tendre amour qu'on porte à l'un de nos plus vertueux monarques, dont ils poussent la clémence à bout. Avec cela je sens qu'il est plus fort que moi de ne point souhaiter qu'ils tiennent bon, qu'il leur vienne quelque ressource inatendue, & que le clergé, oui ce clergé qui se trouve avoir raison, soit humilié. Il est vrai que si le clergé a raison, c'est un cas très extraordinaire, mais enfin je suis persuadé qu'il a raison. Il est encore vrai que mon souhait est le souhait de tout le public: mais le public ne pense pas come moi sur cette matiere; ses jugemens sont d'acord avec ses inclinations, & par parenthese sont un peu dictés par ses inclinations. Que ferois-je donc, avec cette disposition injuste où je me surprens, si j'avois le malheur de me voir au fatal timon des afaires?.... Ce que je ferois? Je crois pourtant que je trouverois moyen de concilier mes vœux & ceux du public avec la justice la plus exacte. J'obligerois les parlemens à céder dans l'ocasion présente, mais je leur en adoucirois bien l'amertume. Je laisserois les ecclésiastiques tenir pour hérétiques qui ils jugeroient à propos, & ne les forcerois point à administrer leurs sacremens à qui ils croyent,

croyent, & doivent croire, ne le pouvoir faire en confience. Mais je les forcerois, ce qu'ils peuvent en confience, à doner ce compte de leurs revenus qui leur tient si fort au cœur. Et come c'est là une afaire d'état & non de foi, j'en foumettrois la révifion aux parlemens; à ces fages magiftrats, qui aux petites paffions près que comporte l'humanité, font si dignes d'êtres les peres des peuples. Ah qu'on verroit bientôt le clergé, réduit à combatre pour fes vrais autels, lâcher prife fur l'autre article; trop heureux qu'on ne pouffât pas à toute rigueur la recherche dont il s'agit!

Qu'au refte on ne s'imagine pas que je veuille doner des avis à plus fages que moi. Je parle come un home qui fait bien que fes difcours font fans conféquence. Un peu de littérature & de philofophie, voilà le cercle étroit de mes talens. Si j'étois admis dans le confeil du Prince l'amour des françois, je verrois peut-être, que ce parti, fort beau dans la fpéculation, eft infoutenable dans la pratique.

CCXLIX.
L'épée du furieux.

Par quelle fatalité chez tous les peuples, ceux qui fe font voués au fervice de la religion, ont-ils été généralement les plus dangereux & les plus corompus de tous les homes? *

Par

---

* Je rens cette juftice à la religion proteftante, qu'il n'eft pas vrai que fes miniftres foient plus corompus que les autres homes: mais qu'on m'avoue, qu'ils

Par la raison qu'à fureur égale celui-là fait le plus de ravage dont le bras est le mieux armé.

Ce n'est pas l'épée qui done la fureur, mais elle la seconde. La religion ne corompt point ses ministres; mais elle est un instrument terrible de leur malice, dans le cas très comun de la corruption.

J'ajoute que l'épée est souvent une ocasion; & la religion aussi.

Ces vérités sont dures, aussi bien que beaucoup de celles qui ont précédé, & n'en sont pas moins certaines. Je crois qu'elles ne peuvent trop se répéter; mais je proteste que j'y reconois tout le premier des exceptions con-

qu'ils sont à-peu-près aussi dangereux qu'ils peuvent l'être, lorsque les conjonctures le permettent.

confidérables. Je n'ai point cru devoir embarasser mon stile de formules de restriction à chaque instant, parcequ'il me semble qu'en fait de vérités morales les restrictions se supofent d'elles-mêmes. Eh coment me soupçoneroit-on d'en vouloir au corps entier de nos ecclésiastiques? Moi qui me suis fait un devoir de publier dans mes *Mémoires* & ailleurs les obligations que j'ai à un grand nombre d'entr'eux! Moi qui cultive & qui ai cultivé partout l'amitié de ceux qui ont bien voulu répondre à mes avances! Moi qui dois le bonheur de ma vie, à vous, mon vrai Pere,* à vous, qui me feriez taire à jamais de la théologie, s'il étoit possible que je m'en tusse!

CCL.

* M. AUGUSTE-JEAN BUXTORF Pasteur de Bâle.

CCL.
Le bâton.

De pauvres aveugles marchoient à l'aventure, non sans faire bien des faux pas. On leur mit un bâton en main. Les malheureux s'en servirent à s'affomer.... Le fujet de la querelle? Leur bâton même, fa couleur & la forte de bois dont il étoit.

FIN.

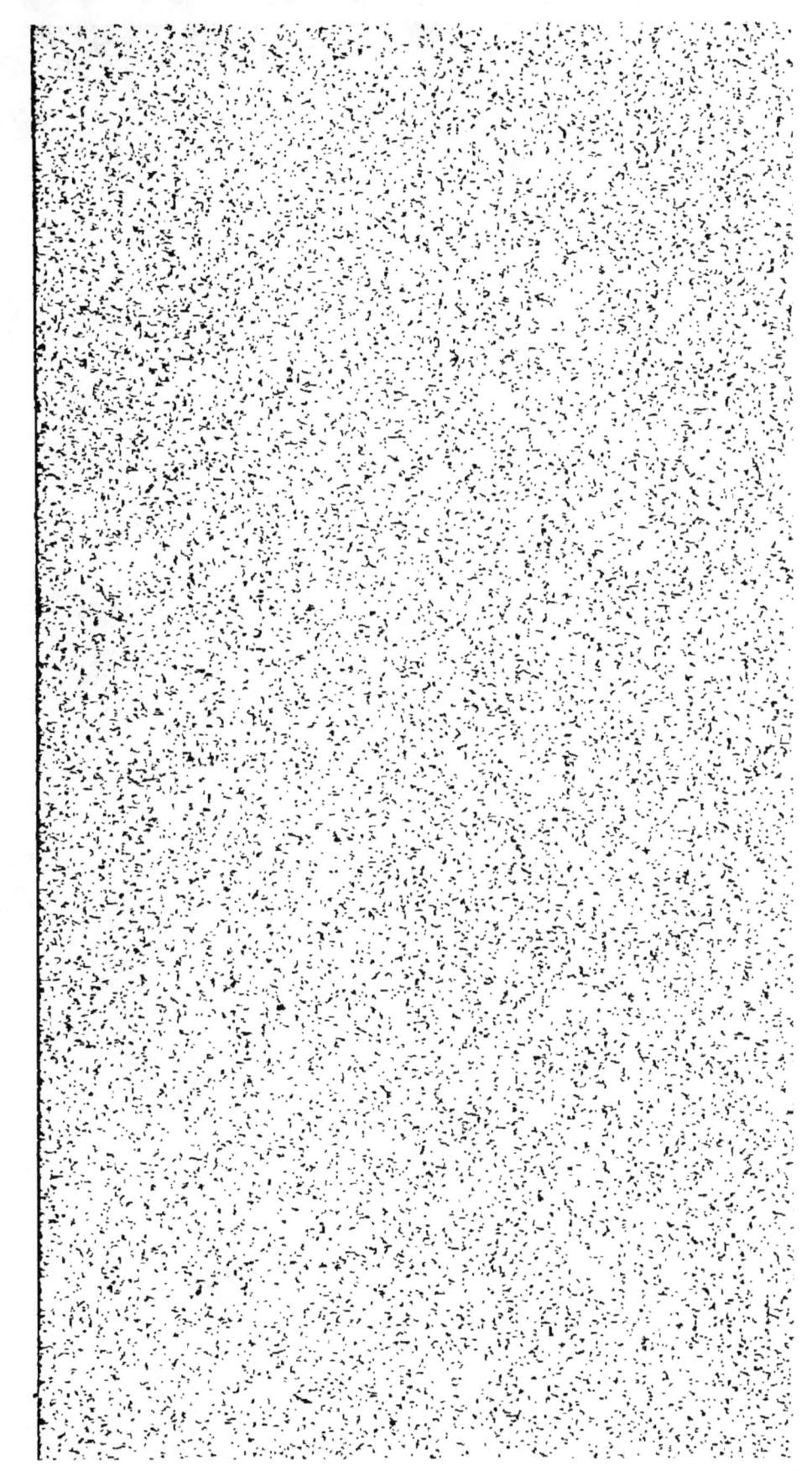

www.ingramcontent.com/pod-product-compliance
Lightning Source LLC
Chambersburg PA
CBHW070749170426
43200CB00007B/713